读客

读客中国史入门文库

顺着文库编号读历史，中国史来龙去脉无比清晰！

此心光明

方志远 著

北京日报出版社

图书在版编目（CIP）数据

此心光明 / 方志远著 . -- 北京：北京日报出版社，
2024.1（2024.4 重印）
ISBN 978-7-5477-4658-5

Ⅰ.①此… Ⅱ.①方… Ⅲ.①王守仁（1472-1528）
–传记 Ⅳ.① B248.2

中国国家版本馆 CIP 数据核字 (2023) 第 136700 号

此心光明

作　　者：方志远
责任编辑：辛岐波
特约编辑：刘芷绮　　郑慧鑫　　沈　骏
封面设计：陈　晨　　张王钰
出版发行：北京日报出版社
地　　址：北京市东城区东单三条8-16号东方广场东配楼四层
邮　　编：100005
电　　话：发行部：（010）65255876
　　　　　总编室：（010）65252135
印　　刷：三河市龙大印装有限公司
经　　销：各地新华书店
版　　次：2024年1月第1版
　　　　　2024年4月第2次印刷
开　　本：880毫米×1230毫米　1/32
印　　张：6.75
字　　数：150千字
定　　价：39.90元

前　言

先和大家说件旧事。我和《百家讲坛》的合作是从2009年开始的，但对于录制什么内容，我们没有达成一致，我当时想，要录就录王阳明（王守仁，阳明是他的号）。倒不是因为我有先见之明，预知王阳明后来会"火"起来，而是因为1997年我曾经写过一本《千古一人王阳明》（2000年作为"旷世大儒"系列的一种，由河北人民出版社出版，名为《旷世大儒王阳明》；修订之后，2017年由江西人民出版社出版，书名恢复为《千古一人王阳明》），想以这本书为基本讲稿，和大家交流，减少写讲稿的工作量。但是，我的想法被否定了，理由是王阳明知名度不高（他们也没有先知先觉，没有想到王阳明两年之后就"火"了）。当时的我大吃一惊，王阳明知名度不高？后来发现，他们是对的，我是错的，因为不但在2009年，即便在现在，王阳明的"火"也只是在特定人群中，知名度高了，但大众对王阳明其人其事其心学，仍然是不甚了了。

举三个例子。其中，一个发生在王阳明未"火"之前的2006年，另两个分别发生在王阳明已"火"之后的2015年和2017年。

2006年我到宁波出差，为了去看看王阳明的故居，专门去了余姚。出租车司机问我到哪里去，我说瑞云楼；他没听明白，问是哪里，我说瑞云楼，就是王阳明的故居；他说王什么？他是真的不知道。2016年在宁波举办了"天一阁论坛"，我建议宁波市政府大力宣传王阳明，不但让本地人知道，外地到这里来干活的、游玩的，也要向他们传播。因为他们都是窗口，也许出租车司机是外地人，他不知道很正常，但是既然到了宁波，到了余姚，就应该让他们知道王阳明的故事。

2015年，商传教授告诉我一件事，他被邀请到某市，为领导干部讲王阳明。讲完之后，一个领导拉着他的手说，商老师，这个王明阳真是了不起。听了半天，领导只知道了"王明阳"。被这位领导一说，我也糊涂了，到底是王阳明还是王明阳？于是我提醒自己，千万不要被他带偏了，把王阳明说成王明阳。有位朋友给我发微信语音说："方老师，听说你明天要到广州讲明阳之学？"我无语了，还是王明阳。

2017年，北京某民间团体在企业家的资助下，广泛召集学界、商界的朋友，开了一次大规模的王阳明讨论会。做主旨演讲的是一位德高望重的学者型领导，但一开口就让我大吃一惊：明朝得了癌症，王阳明和王阳明的学说，就是给明朝治疗癌症的。他显然忽视了或者根本就没关注到这样一个事实：王阳明所处的时代，是明朝中期。王阳明出生在明朝建立的第105年，王阳明死后，明朝还存续了116年，难道明朝与癌症斗争了大半生？这也反映出，虽然王阳明"火"了，但人们对王阳明及其时代并不了解，特别容易危言耸听，有病就说是癌症，有问题就说要亡国。甚至可以说，虽然王阳明的知名度高了，但是真正了解他的人、真正明白他学术的人，并不是太多。

　　当下许多关于王阳明的书，问题甚多，有些解读过分，有些把传说当事实，有些把王阳明奉为神明，有些堆加新的神话。为何这样？因为越这样，大众越喜欢，买书的人越多，作者利益越大。

　　当下编造的关于王阳明的最著名的神话，是说1900年前后，日本海军元帅东乡平八郎，腰间常常悬挂着一块牌牌，上面镌刻着一行字"此生俯首拜阳明"。至于这块牌牌是木质的还是铜质的，或是金质、银质的，不知道。凡此种种，不胜枚举。一说到这种神话，说的人会很激动，听的人也会显得很自豪：我们中国竟然有这么了得的人，日本那么了得的人都这么拜服他。

但我可以斩钉截铁地告诉大家，绝无此事。这件事没有任何正式的记载，也没有任何实物的证据。日本人对文物是极为重视的，在日本国内，大大小小的各种类型的博物馆、收藏家不计其数，但没有任何一家博物馆或一个收藏家收藏了此物。所以，无论是中国的，还是日本的，没有任何一位真正的王阳明研究者提及此事。

经常有朋友问我，学者讲历史，网红也讲历史，如何区分？我说，学者只讲自己认为是真的、是对的东西，至于大众喜不喜欢，与学者无关；网红只讲大众喜欢的，可以为自己增加点击量进而增加收益的，至于是不是真的、对的，与网红无关。所以，和大家交流一个判断学者和网红的常识：凡是传播此类事的，都不是学者而是网红，或者想做网红但暂时还没有红的。

过去一说到王阳明，我们往往有两个标签，哪两个标签？第一，主观唯心主义者；第二，镇压人民的刽子手。

先说第一个标签。

我们所有的大学教材、中学教材，只要说到王阳明，一定会举他的一个例子，说王阳明和学生在绍兴，到南镇出游，在船上讲学（实际上王阳明经常在路上讲学），然后借物说事、借境说理（这也是王阳明讲学的一个非常重要的特点）。大概是因为王阳明刚刚讲过心外无物、心外无理，于是有学生指着两边盛开的鲜花说，先生，你看此花自生自灭，与我心何关？王阳明说，是因为你来看了此花，所以此花的颜色一时鲜艳起来；如果你不看它，它就会与你的心一同寂灭。我在给本科生上课的时候，也跟教材上一样，对学生说，你们看看，主观唯心主义者就是如此不顾客观事实。后来才发现，人家讨论的问题，跟我们讨论的问题，完全不是一个问题，他讨论的，不是花到底存不存在的问题，而是外界的事物和你的心、你的性的关系的问题。

我跟朋友开玩笑说，如果你拿这件事来批评王阳明，假设王阳明在世，人家不会跟你讨论，因为你们不在一个层面上。王阳明讨论的问题你还不理解，他讨论的是形而上的问题，你跟我说的是形而下的事情，我们和王阳明不在一个层面上，不在一条轨道上。

王阳明还有另外一个关于花的故事。一天，王阳明和学生一道，在巡抚衙门的花圃除花间之草。学生薛侃说了一句话："天地间何善难培，恶难去？"意思是：世界上的万事万物，为什么善良的东西这么难培育？为什么邪恶的东西这么难除去？

王阳明随口说了一句话："未培未去耳。"什么意思？对于善良我们没有持续维护，对于邪恶我们没有斩尽杀绝。50年前我没有读王阳明的书，但对于锄禾有实践。我发现，禾一不小心就被除掉了，但是稗草就很难被除去。用农具是没办法根除稗草的，需要用两个指头乃至三个指头插入泥土之中，把它连根拔掉，才能除去，真是"恶难去"也。思考片刻之后，王阳明又说："如此看善恶便是错。错在哪里？天生万物必有用，你以自己的善恶来衡量世界上的万事万物，就是错。今天需要花的时候，我们把草视为恶，到明天我们需要草的时候，什么是恶？"

如果我们把这一段花的故事和上一段花的故事放在一起比较，你说他是唯心主义还是唯物主义？是他错了还是我们错了？当然是我们错了，我们为古代的学者贴标签的行为本身就是错。

再说第二个标签，说王阳明是镇压人民的刽子手。

对于王阳明来说，他在江西的种种作为，用我们现在的话来说，实际上是在维护社会稳定，而他维护稳定的做法和其他人的做法是不一样的。我们在后面会提到他为什么不一样。我绝不至于兴高采烈地告诉大家，王阳明如何杀死了多少流民，杀死了多少乱贼，实际上那是一件非常残酷的事情，是王阳明自己不忍心做的事情。现在很多学者兴高采烈地把它说出来，说是王阳明灭"三贼"。这个立场和观点转变得太快了，但是没必要。他做得对的，我们肯定；做过头的，我们应该否定；哪些做得不应该的，我们也应该指出来。

王阳明到底是个什么样的人？王学（王阳明心学）到底是

怎么回事？我想从六个方面和大家进行交流：第一，王阳明与阳明时代；第二，龙场悟道，道在心中；第三，政在亲民；第四，"良知"二字，从百死千难中得来；第五，心中有良知，满街皆圣人；第六，斯人已逝，斯人永存。

目　录

第一章

王阳明与阳明时代

充满争议的王阳明

和中外历史上许多伟大的人物一样，王阳明从他闻名于世开始，就一直毁誉参半。说他好的人多得很，说他坏的人也不少；赞同他的人不少，批评他的人更多。不但是王阳明，历史上许多人物也都有争议，可以说，越是著名，越有争议。孟子在明朝时曾被明太祖驱逐出孔庙，因为孟子有几句"大逆不道"的话，尤其是"君之视臣如手足，则臣视君如腹心；君之视臣如犬马，则臣视君如国人；君之视臣如土芥，则臣视君如寇雠"这几句。朱元璋一听就怒了，这样的乱臣贼子还能进孔庙吗？便下令将孟子驱逐出孔庙。后来这些大学士（当时的大学士并不是后来的内阁大学士，而是殿阁大学士，即顾问之臣）慢慢开导朱元璋，说我们把《孟子》里头的这几句话去掉，孟子的学说还是不错的。于是朱元璋又让孟子重新进入孔庙。大家如果感兴趣的话，可以读明朝永乐时期编的《四书大全》，这里面的《孟子》就是"删节版"。程朱理学的代表朱熹难道没有争议吗？朱熹死后，他的学说被称为"伪学"，40年后才平反。

对于王阳明，明朝廷有保留地肯定了他的事功，全盘否定了他的学说。同时代人斥其"事不师古，言不称师，欲立异以为高"，却不能不承认他事功卓绝，因为别人办不成的事情他能办成。

比如说南赣汀漳（今江西、湖南、广东、福建四省交界地区），有农民闹事二三十年之久，别人无法平息，王阳明仅用15个月就全部搞定。朱宸濠叛乱，其阴谋已经筹划了10多年，而王阳明平定叛乱，从其七月十五在樟树誓师，起兵平乱，到七月二十六结束，总共只用了12天。王阳明的事功没人敢不承认。

后世的人说他承朱学之微而鼓吹心学，以解救明朝的统治危机，为统治者另谋思想统治的出路，但又不能不承认王学有其积极因素，如他主张独立思考，主张批判精神，主张独创精神，等等。

今天跟大家说一下我的观点，我把王阳明的学说划为主观唯心主义，他自己也将自己的学说命名为"心学"，甚至说

"圣人之学，心学也"。但是，他的心学有一种扎扎实实的实践精神。他的一个伟大理念是，真知在于行，不行不谓之知。是真知还是假知，知了还是不知，就看你是做了还是没做，是做好了还是没有做好。你只有做了，做好了，我才认为你是知了。所以说，王阳明的学说是重视实践的，既是"心性"之学、诚心之学，更是行动之学、实践之学。所以，日本学者，比如冈田武彦，就认为王阳明所有的学说都是事上练、事上磨的。确实是这样，一点都不错。

王阳明是中国历史上唯一一个从小宣称要成为"圣人"而最后真正成为"圣人"的人，也是唯一一个混迹于三教九流而最终从祀孔庙的人。

王阳明小的时候不是什么听话的小孩，他是个"问题多多"的少年，好事而沉不下心来读书，一直到他死前，仍然和三教九流有很多接触，但是最后竟然入了孔庙。他从祀孔庙时是经过了投票的，24票赞成，2票反对，若干票弃权。和他同时从祀孔庙的陈献章得的赞成票和他差不多，但是没有反对票；胡居仁得的赞成票比他多2票，也没有反对票。为什么王阳明从祀孔庙充满争议呢？就是因为他混迹于三教九流。很多人认为他的学说就是禅学，尤其是他的学生，一方面传播了他的学术；另一方面也给他招怨，扛着他的牌子行招摇撞骗之事的不少，所以给他丢了分。

不是什么人都可以成为王阳明。

自从出来个王阳明以后，整个明朝中后期，有无数的读书人都在学王阳明。一位浙江的学者王士性，去江西后大吃一惊，原来王阳明在江西的影响比在浙江更大，大到什么程度？大到"家孔孟而人阳明"，家家户户都希望自己家里出一个孔子或者一个孟子，而你去问刚刚启蒙的小孩，你有什么梦想，他说，我想成为王阳明。

心中有良知，行为有担当；时时有困惑，初心终不改；但以我心鉴日月，不与时俗较短长；无论是穷是达，皆有兼济天下之心——这是王阳明留给我的永恒印象。

王阳明越到后来越回归自然，越返璞归真。在他的身上是如何体现知行合一的，又是如何体现致良知的呢？我们又是怎样知道他心中有良知的呢？我们是从他行为上有担当看出来的。他对任何事情几乎都敢承担责任，对恶行敢于拍案而起；对于官场上的事情，不管水深还是水浅，他都敢蹚过去。

我们今天来读王阳明，最应该学习的品质是，时时有困惑，初心终不改。什么叫初心？在王阳明这里，初心就是圣贤之心，就是报效民众、报效国家之心。他也曾被贬谪到龙场，前途未明、生死未卜，但他"以我心鉴日月，不与时俗较短长"。无论自己是穷是达，皆有兼济天下之心。孟子有一句名言——穷则独善其身。但是王阳明在这个基础上推进了一步。他无论是赋闲还是被贬谪，在低位还是在高位，都在传播自己的圣贤之道。当然，这也是所有圣贤的共同特点，我们看看孔子、孟子，看看程颐、朱熹，再看看陆九渊，哪个不是这样？哪个不是无论在顺境还是在逆境，都在孜孜不倦地传播自己的学说？他们从来不以君主的是非为是非，只以圣贤道理、心中良知的是非为是非。因此，他们时时受到指责，受到打击。

曾经有一个朋友问我，王阳明的学说是不是官方学说？我回答，不是官方学说，但也是官方学说。那么官方学说是什么呢？所谓官方学说，就是孔孟之道，但是是被"阉割"了的孔孟之道。王阳明的学说是支持孔孟、传承孔孟、推进孔孟，是把孔孟所揭示出来的人世间的终极真理重新解释出来。

王阳明与王安石、张居正不同。我对王安石和张居正充满敬意，但我认为，社会中最好不要出现王安石，最好不要出现张居正。因为只有社会被认为得了癌症的时候，才需要王安石、张居正来做手术。但是，动过手术之后是福是祸、是生是死，就很难说了。

王阳明心学是明朝社会多元化的产物，它的传播又推动着明代社会的多元化。它是一柄双刃剑，既开列治疗社会问题的药方（解决途径），也对明朝的国家一体化产生了巨大的冲击。

仕途本位与财富本位

　　王阳明出生在1472年10月31日，也就是成化八年的九月三十，此时是明朝建立的第105年，明朝已经经历过社会的两个阶段。

　　第一个阶段，从洪武年间到正统年间（1368—1449），这82年虽然有过"小阳春"，但是大抵上属于严峻冷酷的时期。明太祖由于自己的出身——由一个军事统帅转变为专制君主，他希望把政府的管理深入到社会的每一个环节，并打击四种人：

　　第一种，富人。在明太祖的观念里，为富就不仁。他本来是站在穷人的立场上打击富人，但在执行的过程中，此举演变为"杀富济国"的运动。

　　第二种，贪官污吏。因为他们贪赃枉法，既破坏朝廷的法纪，更欺压民众，为朝廷招怨。

　　第三种，不安分守己的功臣。功臣们跟着明太祖起家，但是绝大部分是游民无产者。对于稳定社会来说，他们的破坏性也最大。所以，战争期间的功臣在太平时期就可能是不安定因素，明太祖认为要予以铲除。

　　第四种，不和政府合作乃至传播对政府不满的文化人。江西贵溪有一对叔侄，当地政府让他们做书吏。他们觉得辱没了他们的身份，不想去。不想去怎么办？叔侄两个统统把自己的大拇指齐根剁掉，剁掉以后就没办法写字。明太祖闻报大怒，下旨将叔侄二人腰斩，全家充军，并且发布一条"大诰"："寰中士夫不为君用，是自外其教者，诛其身而灭其家，不为之过。"什么意思？只要我大明统治的地方，要你出来干活你就得出来干活，不出来干活就是自外于朝廷，就得杀。

这样一来，整个明代的政治气氛变得非常严峻，但是朝廷保护一种人。保护什么人？保护安分守己的人。安分守己种田、安分守己做工、安分守己经商、安分守己考科举、安分守己做官的人。

明太祖曾经多次让户部在苏松江浙，也就是现在的苏州、上海、江西、浙江等地区发布"榜文"，号召这里的民众向中原人民学习，学习他们有人服役，有田纳租。为何向苏松江浙发榜文？因为这些地区经济文化发达，逃役避税是常事。

不过，这里的"江"在当时不是江苏省，而是江西省。江苏省是在康熙六年（1667）才有的，永乐迁都后，江苏省、安徽省和上海市所在范围一起叫作南直隶，康熙时把清初被更名为江南省的南直隶从南到北劈一刀，东边是江苏省，西边是安徽省，所以有了江苏和安徽二省。清朝的两江总督是九位最高级的封疆大吏之一，曾国藩曾经做过两江总督。有朋友问我，这个两江总督怎么管江苏、江西、安徽和上海三省一市所在范围？就是因为江苏、安徽和上海原来合称江南省，江南省和江西省是两个省，所以叫"两江总督"。

在这个阶段，当时的社会只有一个价值标准：有志青年报效国家、考科举，既可以光宗耀祖，又可以体面脱贫。这是当时被民众公认、被国家倡导的最基本的价值标准，即"仕途本位"，或者说"官本位"。有志青年都得去做官，都得做公务员，否则就被视为没本事。大家说我讲学去，我经商去，没门。当时不允许私人讲学，你经商、务农发了财，国家就剥夺你的财产。所以，在这样的形势下是不可能出现以讲堂传播自己思想的"王阳明"的，出现一个惩治一个。

当然，这样的形势不可能永久持续。

第二个阶段，从英宗正统年间到宪宗成化年间（1436—1487），即明朝建立后的第69年到第120年间，经济持续发展，社会财富积累了起来，政治气氛也渐渐宽松。这里我也跟大家提出一个观点：历史上所谓的集权和专制一般是暂时的，开放和自由才是长久的。随着社会财富逐渐积累，政治气氛开始宽松，国家权力和社会财富之间的态势发生变化，社会财富开始和国家权力讨价还价，国家权力再也不能无偿剥夺社会财富。用我们现在的话来说，叫"承认个人财产的合法性"。当然，这种个人财产必须是合法所得，国家才能承认它的合法性；如果是非法所得，就不能承认它的合法性。

还有一个事实，经过大半个世纪的演变，明朝的统治者也成了"有产者"。怎么成为有产者？不是文官地主，就是军功地主。

这样一来，社会价值观也发生了变化，有志青年未必做官，还可以做工、务农、经商。只要你能够做得好，你就有价值。所以浙江、江西都有这样的家训："俊秀子弟"必须习举业，但是，习举业的同时必须学一门手艺，这门手艺还要做到方圆百里第一。为什么有这样的家训？因为养家糊口才是第一位。你一天到晚读书，父母养你，老婆养你，岳父养你，那你不是啃老族、啃妻族吗？你先要养活自己，然后承担家庭的责任。这样一来，社会财富便成为一种基本价值，这个意义极其重大。有财富，国家也承认，还可以跟国家权力讨价还价。

这一段时间明朝遭灾的地方比较多，因为从15世纪初开始，也就是1400年以后，北半球进入"小冰河期"。平均气温下降2～3摄氏度，冬天的时候，太湖、汉水都结了冰。天气反常造成了灾害。这个时候的朝廷还是一个负责任的政府，明太祖高皇帝曾经颁布过爱民政策。什么叫作"爱民政策"？凡是发生自然灾害的地方，当地政府应当做三件事：一、停止收粮。税粮暂时不收，因为最容易引起民变。明末农民大起义的导火索就是自然灾害严重时有些地方官还在收税。二、勘察灾情。此举以便下一步根据灾情的程度，减免一定比例的税粮。三、开仓赈灾。如果自然灾害严重，必须立即开仓赈民，发粮食给民众。

正是因为朝廷还是个负责任的政府，所以在自然灾害到来的时候，各地政府在没有办法、没有能力救灾时，便向富人劝赈，并且给富人一些荣誉称号或赏赐，比如称其为"义民"，比如给冠带。结果有些富民就很有意思，他说我已经捐了粮食，我已经是"义民"了，也已经得到了八品冠带、七品冠带、六品冠带，我还让我爷爷、我父亲也得了"义民"，我现在捐款还能得到什么？我希望朝廷让我到国子监去读书。在当时，入了国子监就算有了功名了。但这样一来，就等于是出卖指标了，国家得丢面子。所以，管国子监的礼部坚决不同意，礼部的官员认为你拿粮食、马匹、白银就可以到国子监读书，这对国子监是一种侮辱。但是，礼部要的面子抵不住户部要的银子，所以政府向富人妥协了。这就意味着国家权力和社会财富之间的态势发生了变化。

国家承认私人财产合法化，社会财富得到国家和社会认可；为国家事务做出贡献的人，国家权力会给予荣誉——这个信号的出现推动了明代多元化的进程，大大刺激了明代商品经济的发展。

多元化的新气象、新怪异

当民众手上也有财富的时候，政府就无法控制很多资源了，特别是教育资源。明朝的"官学"分为府、州、县学，每个府有40个名额，每个州有30个名额，每个县有20个名额，这些人叫作"廪膳生"。

如果被选作廪膳生，国家提供教育经费，家中还可以有两个人免除杂役。之后增加的学生被称为"增广生"，又增加的叫"附学生"，待遇也和廪膳生一样。包括增广生、附学生在内，一个府学也不过是120人的名额，远远满足不了求学的需求。

所以，此时出现了自由讲学的形式。比较早的是江西的吴与弼、胡居仁，接着有广东的陈献章，等等。这些私人讲学的教授，无论是个人的品格，还是学问精神，都是超出官学教授的，所以得到大家的赞赏。于是，社会开始出现了第三种价值标准——文化。社会也开始进入第三个阶段。

有一句话说"衣食足而知荣辱"，温饱解决了，才谈得上关注文化。但是，难道衣食不足就可以不知廉耻了吗？当然，衣食不足而不知廉耻，有的时候会得到同情的。还有一句话"饱暖思淫欲"。思淫欲的意思是希望享受更好的日子，希望享受有文化娱乐活动的生活。

所以，明朝建立100年前后，也就是明宪宗成化年间（1465—1487），出现了新气象。什么新气象？印刷业开始火爆，他们印的第一批书是《育儿必备》《家庭必备》等，都是生活上用得着的书。我看到明朝这些印刷品时非常惊讶，因为我是在1980年前后，才在我们的书店里看到这种类型的书，而明朝那时就有这样的书大量出现。另外还有唐诗、宋词、歌谣、词话等文艺作品出现。

不仅如此，在明朝前期被禁止的风水师、星相师、面相师、黄白术师也统统出来了。这些人在当时属于"科技人才"。我举个例子。在古代，北方不下雪是一件很严重的事，古人认为这样会引发虫灾。这是符合自然规律的认识，因为不下雪，一方面虫卵没有被冻死，另一方面来年旱灾也容易发生，而蝗虫正喜欢干旱的环境。北方不下雪的时候怎么办？张天师团队选定吉日，然后祈雪，但实际上这就是一次古代的天气预报。

此时，文化成为第三种价值标准。也就是说，有本事的人可以做官，可以经商赚钱，还可以玩文化，这就叫三百六十行，行行出状元。三种价值标准递生及并存，标志着明代多元化社会的到来。王阳明及阳明心学，正是明代这种多元化社会的产物。

王阳明出生在明朝建立的第105年，此时明朝进入了一个"好玩"的时代。

和王阳明同时代的，还有很多我们耳熟能详的人物，有被称为"吴中四才子"的祝枝山、唐伯虎、文徵明、徐祯卿，还有李梦阳、何景明等明朝的"前七子"。其中，唐伯虎比王阳明大两岁，李梦阳比王阳明小几个月。

那个时代发生了许多新鲜的事情。比如，奇装异服的出现。当时的人们，当然主要是北京居民，人无分男女，出门多服"马尾裙"。马尾裙是朝鲜进贡的使者穿的一种用马尾巴编织的袍服。这种服装在北京流行以后，一时之间北京的马都变成秃尾巴马，马尾巴都被剪去编这种裙子了。这件事情让我想起改革开放初期，我在南开大学访学，一次洗完澡出来换衣服，突然发现一个穿着花衣服、扎小辫子的人，后来那人一转身，我才发现原来是个小伙子。一个小伙子扎个辫子、穿花衣服，在那个时代，真是惊世骇俗。

伴随着奇装异服出现的，是"靡靡之音"。打情骂俏的民歌时调出现了，如《山坡羊》《打枣竿》《捏泥人》《不分离》等情歌，一下子全冒了出来。说到这里，我想起改革开放初期，邓丽君风靡全国，也想起1983年李谷一在春晚上演唱惊世骇俗的《乡恋》。两种艺术形式都预示着一个新的时代的到来。

这个时期还有一件意义重大的事情发生：出现了大量"传奉官"。

一开始是宦官拿着一张纸片在左顺门（现在叫协和门）传奉圣旨，宣读某人做什么官。某些人做什么官，吏部官员用一张纸片记录下来，按照"传奉"的圣旨命官。后来一次"传奉"的名单太多了，记不过来，宦官干脆直接把纸片给吏部官员。第二天早朝的时候，吏部官员按规矩上奏，皇帝如果说属实，就任命名单上的官员。后来，皇帝甚至连这个程序都不需要了，直接任官。这些官员就叫"传奉官"。

当时北京街头多了很多"传奉官"，本来文官在北京只有2500个名额，地方官充其量最多同时有1000人到北京朝见，合计不会超过4000人，而这种"传奉官"，最多的时候达到4700人。这些人都没有经过吏部考察，没有经过科举考试，也就是说，他们都是没有经过"组织程序"的人。

这些官员最多在什么地方任职呢？主要在工部、太常寺、太仆寺、锦衣卫。当然一般都是闲差，但是人数特别多。因此，"传奉官"常被视作当时的一大弊病，因为消耗了很多俸禄。我曾经专门将这些"传奉官"分类，结果非常有意思，4700多人中，竟然有1300多个能工巧匠归工部管。这些人凭借手艺，创造了无数物质文化，最高官至正三品。当时有两个"传奉官"名"祥"，一个叫作蒯祥，外号"蒯鲁班"，是木工；另外一个叫作陆祥，是石工，雕琢玉器的。两个人通过不断提拔、不断"传奉"，成了正三品的工部侍郎，食二品俸禄。

"传奉官"中有1100多个藏传佛教僧人。当时有许多人抨击这些僧人，认为国家花了太多钱养这些僧人以及他们的寺庙。但这些抨击也只是一些书生之见。当时四川、云南、甘肃、青海、西藏等建有藏传佛教寺庙的地区，一旦发生了状况，只要这些僧人写封信过去，可能就解决问题了，而不需要动用军队。这可以说是汉人政权处理少数民族事务和宗教事务的一大进步。

"传奉官"中还有200多个民间文学家、200多个书画家，还有两三百个各种各样的术士，如黄白术、房中术、风水术、星相术等。他们挂衔及领取俸禄的衙门，或者是太常寺、太仆寺，但更多的是锦衣卫，一个锦衣卫的"传奉"都指挥使，真实身份可能是著名的书画家、神秘的风水师。

当社会来到一个转型期，一些合理的社会需求，往往以荒诞的方式出现。但是，随着多元化社会的继续，到正德、嘉靖时期（1506—1566），工匠、术士、艺术家们开始不稀罕这些虚衔了，他们通过自己的文化产品、物质产品，得到社会的承认。

所以，这里也和大家交流一个观点：当人们不在乎政治头衔时，社会就真正开放了。

18岁的青年和68岁的老者，心灵发生了碰撞

王阳明12岁到北京上学，他问老师，天下第一等事是什么？老师说，这还要问吗？举业是天下第一等事。这就像我们教现在的小学生、中学生，说什么是第一等事？考上好的中学、好的大学就是第一等事。但是，少年王阳明竟然说举业未必是第一等事。这是什么原因呢？

王阳明的父亲是状元，但在王阳明心目中，他的这个状元

父亲和他连举人都不是的祖父，并没有什么区别，可见，举业不是什么第一等事。第一等事是什么呢？是学为圣人。但圣人又是什么呢？不知道。15岁时，王阳明和父亲的好朋友一道到居庸关内外，寻访了一个多月，然后觉得"慨然有志于天下"，又说回来的路上，梦见了自己参拜马援庙。马援是东汉著名将领，成语"马革裹尸"就是从他而来，所以，我们才知道，王阳明心目中的"圣人"是什么，原来就是报效国家、抛头颅洒热血的人。

在秦、汉、唐时代，有志青年一般有两条路，第一是立功于疆场，第二是做文官治理社会，但是做文官怎么都没有做武将那么轰轰烈烈。不要说王阳明，就是我们小的时候也有这样的感觉，所以小学的时候说的是梁山英雄如何排座次，中学的时候反复念叨的是"十大元帅""十大将"。而且，到了王阳明的这个时代，战争大抵结束，你要投笔从戎，已经没有机会。宋朝以来重文轻武，到明中期以后，所有将领的行军打仗都是文官指挥，武官听从指挥。所以，到王阳明这个时代，想要做军官，只有两条路：第一，你父亲或你祖父是军人，你就可以去当兵；第二，你父亲做到一定程度的官，你门荫可以去做一个锦衣卫百户，然后到军中发展。其实，在王阳明的时代，要领兵打仗，并不需要做将领，可以参加科举，做大的文官，然后带着武官去打仗。后来王阳明走的，正是这样一条路。但前提是要参加科举考试。

王阳明的父亲王华对这样一个终日想入非非的儿子十分担心，不知道未来该怎么办，于是采用了中国父母历来惯用的一种常规手段——让他娶个老婆，让他生儿育女，用儿女之情来让他产生责任感。

这就是成家立业的意义：先成家，使你开始有责任感，你才能够去立业。

王阳明17岁的时候奉父命到南昌完婚，但又弄出了大婚之夜不归的闹剧。到哪里去了？他自己说去了翠花街的铁柱万寿宫，在那里和一位道士谈养生。这不是胡闹吗？王阳明这一次在江西待了一年半，以南昌为圆心，往周边多处游历，多处寻访。朱熹的讲学、陆九渊的讲学、江西的文章节义之风，以及三教九流的各种术数，应该都对他产生了一定的影响。一年半后，因为祖父身体状况不好，王阳明便和妻子一道回余姚，途中经过上饶，拜见了一位比他大50岁的老儒娄谅。这次拜访对王阳明的一生产生了重大的影响。

娄谅是上面说到的吴与弼的学生。吴与弼当初一见娄谅，就说了一句自夸的话："老夫聪明，你也聪明。"聪明人喜欢聪明人，娄谅见到王阳明，大概能体会到当年吴与弼见自己的感觉。

娄谅年轻的时候也是一心想做圣人的，所以见到王阳明，就觉得看到了当年的自己。王阳明也觉得，终于遇上除了祖父以外真正"懂我"的人，因为娄谅鼓励他做圣人，而且告诉他如何做圣人。娄谅就说了两句话。

第一句："圣人必可学而至。"就是说，你既然要做圣人，要学孔子，要学孟子，要学马援，要学诸葛亮，你就要去读他们的书；如果不读他们的书，就算知道他们干了什么事，也不能知道他们为什么这么做。黄宗羲对两人的这次交流极为重视，认为王阳明一生的学术，从这里开始得到启发。

第二句："学者须亲细务。"我想娄谅一定告诉了王阳明，他当年见吴与弼的地点，是在田间地头。娄谅跑到地方后，大吃一惊，只见吴与弼先生穿着短裤短袖，挥着锄头在锄地。娄谅说，先生您名满天下，竟然还亲自锄地？吴与弼告诉他，学者须亲细务。我非常喜欢在菜市场买菜，我的讨价还价水平也很可以。讨价还价是一种体验，也是一种乐趣，哪里真的缺这点钱？就是觉得跟他讨价还价很好玩，实际上付钱的时候还会多刷一点给卖家，觉得棋逢对手，之后要经常买他的菜。这也叫"学者须亲细务"。

王阳明和唐伯虎

王阳明见了娄谅以后，几乎变了一个人，由好动变得好静，由沉不下心来认真读书变成了一坐就是一整天、能够沉下心来读书的好学生。另外，他也开始养成脚踏实地的习惯，用我们现在的话来说，就是"千里之行，始于足下"。

弘治五年（1492），21岁的王阳明乡试中举，但是接下来两次会试（22岁一次、25岁一次）都落榜了。有同样落榜的朋友，觉得无颜见江东父老，但王阳明觉得名落孙山是非常正常的事情。参加此次会试的举人接近4000人，录取的名额只有300左右，也就是说录取比例差不多是13∶1，不录取是正常的，录取才是幸运。更何况，早年关于举业并非人生中的第一等事的看法，也是他终身的看法。所以，王阳明说了一句话："世以不得第为耻，吾以不得第动心为耻。"会试名落孙山不是什么耻辱，如果觉得很难过，觉得这一下完了，这才是真正的耻辱。

大丈夫该做的事情有很多，并不只有一个科举。但在当时，科举还是很重要的。所以，王阳明继续参加会试。在弘治十二年（1499），28岁的王阳明在第三次会试中，名列第二，这非常厉害。有些学者说，本来应该是第一的，但是由于他父亲在翰林院，这给他带来了负面影响：所有的考官都是他父亲的朋友、同僚，如果你太行的话，别人可能有忌讳——所以将他放在第二。之后王阳明又参加了殿试，名列第十，是二甲进士第七名。明朝、清朝的科举分为三甲，一甲3人，即状元、榜眼、探花，赐"进士及第"；二甲赐"进士出身"；三甲赐"同进士出身"。

这一年和王阳明同时参加会试的，还有一位伟大的人物，大家都熟悉他的名字，叫唐寅，字伯虎，也就是唐伯虎。唐伯虎是南直隶苏州吴县人，也就是我们现在的江苏苏州人。就在前一年，1498年，唐伯虎以南直隶解元（乡试的第一名）的身份考中了举人。

当时南直隶掌管的区域有明朝的留都南京，还有现在的安徽和江苏及上海，人才济济，很多高手在这里考试，所以南直隶的会试，考生的整体水平是超过北直隶顺天府的，这里的第一名，甚至可以说是天下第一。当时只有两个地方——江西和浙江的解元可以和南直隶的解元相提并论。这三个地方的解元都很了不起，所以，唐伯虎以南直隶解元的身份，踌躇满志地来参加这一次考试。但是会试一结束，就有一个言官上疏，说这一次考试的考生唐伯虎有作弊的嫌疑。

会试前，唐伯虎和另外一位徽州籍的考生，拜访主考官程敏政。程敏政当时是礼部右侍郎、翰林院学士，著名学者，也是徽州人，很高兴地接待了来自徽州的小老乡和南直隶的解元。但是，这就违反纪律了。更不可思议的是，人们发现，唐伯虎当时写的几篇流传出去的文章，竟然和后来会试的试卷题有雷同之处，说明是漏了题。这件事情在朝野上下引起轰动。但是，当调查官把会试拟录取的卷子调出来检查时发现，既没有唐伯虎的，也没有另外那位举子的，说明考官并没有泄题。唐伯虎的文章和会试的试题雷同，应属偶然。但是瓜田李下，主考官在考试之前接见考生，这就避不了嫌疑。所以虽然泄题是莫须有，但是惩罚却免不了。那么，他们受到了什么惩罚呢？

第一，主考官程敏政革职为民；第二，唐伯虎和那位徽州籍考生，革除功名，贬为吏。这就不得了了。明朝男女青年谈恋爱，发誓的誓词说："我俩永远不分离，若要我俩来分离，除非天变成地，东变成西，官变成吏。"可见官变成吏和东变成西、天变成地同样严重。这对心高气傲的唐伯虎来说，是一种巨大的人格侮辱。

从此以后，唐伯虎放浪形骸，在明朝的体制之外玩艺术，他再也不能做官，吏更不去做。他不被允许参加科举，所以做不了官，他觉得做吏是对他人格的侮辱，于是玩艺术，结果玩出了巨大的名头。

和唐伯虎的命运不一样，王阳明以会试第二、殿试第十的成绩考取了进士，从此以后在明朝的体制内做官，在明朝的体制内建功立业，甚至做到新建伯，封伯爵。明朝的文官通过军功封伯爵的只有三个人，王阳明是其中一个，连大名鼎鼎的张居正也没能做到伯爵，王阳明却做到了文臣的顶级。

王阳明在体制内做官和立功的同时，还在体制外讲学。他不是在国子监讲，也不是在府州县官学里头讲，而是开门授徒讲学；他讲的内容和当时官方的主导学说——程朱理学是不一样的，他对程朱理学持批评的态度。他在体制外立言和在体制内立功一样，闯下极大的名头。他创建了阳明心学，后来他的学生、他的粉丝们直接将他送进了孔庙，让心学由民间学说变成官方学说，由一家之言变成主流。

哥伦布、达·伽马，大航海时代到来

就在王阳明从乡试到会试，并且通过科举入仕的时候，西方世界发生了两件后来被证明改变全球格局的大事。

第一件事发生在王阳明中举的那一年，1492年。意大利的探险家哥伦布在地圆说理论的推动下，在另一个意大利人马可·波罗的影响下，从西边出发去寻找东方的世界，寻找中国，寻找印度，结果一不小心竟然发现了新大陆——美洲大陆。哥伦布怀揣着西班牙女王给印度国王、中国皇帝的"国书"，通过70多天的航行，率领着由3条船只组成的船队，到达了位于中美洲加勒比海上的巴哈马群岛。这次航行被欧洲人称为"发现新大陆"。哥伦布的航行和比他早80多年的郑和下西洋方向是一致的：郑和下西洋是由东向西，哥伦布也是由东向西；郑和的船队横跨印度洋，到了东非，而哥伦布横跨大西洋，到了美洲。但是，二者之间的驱动力是不一样的。郑和带着巨大的船队下西洋，是为了寻找建文帝的下落，并且宣扬明朝的国威，顺带进行政治交换，而不是为了做买卖。哥伦布的航行，除了受探险家精神激发外，更重要的是他们受到利益的驱使：船队和西班牙王室达成了按一定比例收取报酬的契约，是有经济利益的。

第二件事的主人公是达·伽马。1497年，王阳明中进士的前两年，葡萄牙航海家达·伽马奉葡萄牙国王之命，率船队寻找通向印度的航路，经过4个多月、4500多海里的航行，抵达圣赫勒拿湾，然后通过好望角，于1498年5月抵达了印度南部的城市卡利卡特。郑和下西洋时，也曾经到过卡利卡特港。1499年，即王阳明中进士的这一年，达·伽马满载而归，回到了葡萄牙的首都里斯本。

这两件事情的意义在于，西方已开始谋求向东方发展。

1519年，葡萄牙航海家麦哲伦在西班牙政府的支持下，进行了环球航行。大航海时代到来，人类日渐走近。但是当时明朝的人们，包括王阳明在内，并没有感受到这一变化，他们在继续读"四书五经"，在继续考科举。

第二章

龙场悟道，道在心中

观政：督造王越墓

在王阳明考进士的时代，新科进士有四个去向：一是留翰林院为史官，这是对一甲进士的安排；二是在二、三甲进士中选出二三十名年纪较轻、较有才学者为庶吉士，在翰林院继续读书，3年后根据学业的优劣，当然，更重要的是看人事关系的情况，或留翰林院为史官（二甲进士为编修，三甲为检讨），或分到科道为言官，或分到六部为主事；三是分到六部"观政"，为"观政进士"，一年后再授实职，或者到中央其他部门为官，如做大理寺评事、行人司行人等；四是到地方出任县知县、州同知、府推官等。

王阳明被列入第三类，分在六部的最后一部——工部，做观政进士。这个职务对他来说，才是真正的不公正。以王阳明的会试、殿试名次，还有28岁的年纪，即使观政，也应该是在更为重要的吏、户、兵三部。从这一点来看，有人为王阳明抱不平，认为这是当政者有意在对王阳明进行压制，并不全是无中生有。

当然，观政进士并不只是"观"政，而是要承担具体的公务，以锻炼处理行政事务的能力，也为一年后的正式授职提供依据。

王阳明做观政进士的第一桩差事，是督造威宁伯王越的坟墓。

王越是位富有传奇色彩的人物。他是景泰二年（1451）的进士。在他参加殿试的那天，忽然平地刮起一股旋风，将王越的试卷卷上云间，眼看着就在天际消失了，管卷官只得给他重发试卷。

这里需要补充一些明朝科举的知识。明朝的科举每3年举行一科，分为乡试、会试、殿试。乡试在子、卯、午、酉年的秋八月进行，故称"秋闱"。届时，全省取得科举资格的士人在各布政使司所在地即各省省会参加考试，故又称"省试"。乡试录取称"中举"，第一名则称"解元"。中举后便是举人，算是取得了"功名"，即有了做官的资格，同时，也取得了参加会试的资格。会试在乡试的第二年，即丑、辰、未、戌年的春二月进行，故称"春闱"。届时，全国的应届、历届举人齐聚北京，参加考试。会试由礼部主持，故又称"部试"，第一名称"会元"。所有在会试中被录取者实际上已是进士，但在三月初一（成化八年，也就是1472年改为三月十五）还得在紫禁城内奉天殿（今故宫太和殿）前的场地进行"殿试"。殿试名义上由皇帝亲自命题并进行录取，后来实际上都由内阁代办。举行殿试的目的有两个，一是排定进士的名次；二是表示所有的进士都由皇帝钦赐，都是"天子门生"。因为殿试只是排名考试，考生只需要写一篇"策论"，所以考得非常轻松，不像乡试、会试，不但要考三场，还要淘汰无数的人。

这时的王越，立即重新投入考试，再次奋笔疾书，当然，也毫无意外中了进士。本来事情已经了结，没想到这年秋天，朝鲜国使者前来进贡，竟然带来了王越的那份未完试卷。使者说朝鲜国王正在视朝的时候，一物从天而降，侍臣将该物呈给国王，国王一看，才知道是天朝进士的策论试卷，便不敢私藏，让使者进贡时郑重带来北京。一份试卷竟然漂洋过海，被风从明朝的北京，吹到朝鲜的汉城，也真是不可思议。

成化年间（1465—1487），王越以都御史提督军务，两次领兵深入河套，与敌作战，创造了自永乐以来明军对蒙古部落最为成功的战例，被封为威宁伯，成为明朝自开国以来第二位以军功封爵的文臣。

王阳明的少年时代，正是王越建立边功的时代，所以王阳明从小对王越充满了崇敬和向往。王阳明曾对人说，他少年时曾做过一梦，梦见王越将自己指挥奇袭威宁海子时所用的宝剑赠给他。看来，王阳明15岁时出居庸关，不仅是受古代英雄的影响，也是受当代英雄的激励。更难想象的是，他入仕后的第一件差事，竟然就是去督造王越的坟墓。是巧合，还是上天的安排？不管是什么，当不负威宁伯。

王阳明在北京备考期间，蒙古部落频频深入内地劫掠。朝廷每次调兵遣将，总是遑急被动，既无解决边患的谋划，又无优秀将才可供派遣。王阳明心中焦虑，自己的身份又不能措一辞、出一策。焦虑之余，他便千方百计寻求兵书，钻研阵法。每次宴客，他则将杯盘碗盏、橘皮果核，排成阵势。理解他的人认为他是胸怀大志，不理解他的人便以为他是痴狂疯癫。对于这些，王阳明全不在意。

这次督造威宁伯墓，正是演练阵法的极好机会。他将民夫按人数及身体状况编成什伍，分配劳役，起居饮食都有定时，工程质量皆经验收。工余之时，他又指挥民夫演练据说是由诸葛亮传下的"八阵图"。待到工期结束时，不仅坟墓造得雄伟气派，自己也得到了一次排兵布阵的实践锻炼。这就叫"有志者，事竟成"，只有立志，只有时时不忘初心、时时有所准备，机会到来之时，才能够把握得住。

王阳明返回北京的时候，王越家属前来送行，带来了不少金银珠宝作为酬谢，王阳明执意不收。家属又取出一个布囊，王阳明打开布囊，一柄佩剑赫然映入眼中，是王越生前的佩剑，是威宁剑！王阳明心中一阵激动，果然是天意，否则，怎会如此巧合？这也让王阳明更加相信，上天是要他担当大任的。

回到北京复命之后，王阳明仍然沉浸在激动之中。每晚公务之余，他总要将威宁剑取出抚摩，期望有一天能和王越一样，领军杀敌，立功疆场。

立言：大兴隆寺讲学

明中期，讲学之风正在各地兴起。吴与弼讲学于江西崇仁，罗伦讲学于江西永丰，章懋讲学于浙江兰溪，陈献章讲学于广东新会，均闻名天下，从学者甚多。王阳明由江西完婚返余姚时，在上饶拜谒过正在讲学的娄谅。只是北京在天子脚下，既有全国的最高学府国子监，又有地方官学，如顺天府学及大兴、宛平县学，无论是教师还是学生，都可说是人才济济。成化二年（1466），吴与弼的弟子陈献章在国子监写了一首《和杨龟山此日不再得韵》诗，大得国子监祭酒邢让的赞赏，称其为"真儒复出"，故而名气大振。当时号称"翰林四谏"的成化二年殿试第一名罗伦、会试第一名章懋，以及新晋进士黄仲昭、庄昶也都对陈献章充满敬佩之意。但陈献章讲学，仍在家乡新会。

在这种大背景下，王阳明也开始讲学，地点在大兴隆寺。而且，就在他开始讲学之后不久，知音出现了。在弘治十八年（1505）即乙丑年的新科进士中，有一位陈献章的弟子，名叫湛若水，年已40，比王阳明大6岁，登科却晚了6年。湛若水会试之后，立即去见在大兴隆寺讲学的王阳明。

大兴隆寺是著名的宦官王振于1448年重修的，该寺始建于金大定二十六年（1186），初名庆寿寺，王振重修时更名"大兴隆寺"。大兴隆寺重修后的第二年，王振在"土木之变"中死了，但大兴隆寺仍然是当时北京的一个大去处，很多人在那里讲学，天下的举子、官员到了北京，一般都要去大兴隆寺。

王阳明在北京、在皇帝眼皮底下公开讲学，引起各方面的非议。由于他对朱熹学说进行了批评，"立异好名"的责难之声顿起。但是，王阳明我行我素，全然不以为意。好在当时是个没有权威的时代，纲纪松弛，讲学之类的事情也无人以祖宗法度进行打击。即使有人非议，王阳明也是理直气壮地给予回击：当年孔、孟、程、朱都聚众讲学。

气节：受廷杖、下诏狱，贬谪龙场

弘治十八年五月，年仅36岁的孝宗皇帝朱祐樘英年早逝，

15岁的朱厚照继承了皇位，改年号为"正德"。

明武宗朱厚照即位时刚刚15岁，聪明机警，生性好动，既不喜欢待在宫廷听翰林官宣讲先圣明君的陈词滥调，也讨厌大臣们喋喋不休地陈述那些他听不明白的国计民生，却喜欢和御马监勇士们一起舞枪弄棒、斗狠角力，喜欢在小内使的陪伴下溜出皇宫，嬉戏游宴。

于是，大学士们认为朝政紊乱，不断地给皇帝提意见，要求他远离带着他玩、诱导他玩、陪着他玩的八个宦官，时人将包括刘瑾在内的八个宦官称为"八虎"，而且必欲置之死地而后快。宦官也有宦官的智慧，开始明武宗确实也想把这八个宦官贬到南京或其他地方去，但是大学士们的斗争策略出现了问题，就像我们的思维一样，希望彻底打败对手，明朝的大学士也是这样，这就使得物极必反。皇帝觉得这八个人怎么看怎么可爱，怎么看都不像是要害自己的样子。

这期间还有一件好玩的事，就在大学士批评宦官时，皇帝陡然冒出一句话说："天下事，哪里都是宦官做坏的，那文官呢？十个文官中好人充其量也就三四个，坏人倒有六七个。"大学士们听后瞠目结舌。实际上皇帝心里都清楚，心想："你们这些文官哪里都是好人？我大明朝哪里都是宦官搞坏掉的？"我在研究明史的时候，也坚决摒弃在宦官和文官的斗争中一味地嘉奖文官而贬斥宦官的观点，宦官之中也有进步的力量，文官之中也有许多无赖。在中国历史上，大多数做坏事的恰恰是文官，而不是宦官，因为宦官专权的时间并不多。

明朝的政治体制有一个不同于其他朝代的重要特点，它在北京之外还有一个留都南京，即实行南北"两京制"；而且，作为留都的南京设置了包括六部、六科、十三道在内的几乎全套中央机关。南北两京的吏、户、礼、兵、刑、工六科给事中和都察院的十三道监察御史，构成明代的言官系统。每当国家发生重大事件，言官总要出来发表意见。如果事关北京的事情，由北京科道先发表意见；事关南京的事情，由南京科道先发表意见；如果最高统治者对所论之事置之不理，或与纠劾者进行争辩，或有关事情没有得到合理解决，两京科道便相互声援。一时之间，科道争言，南北呼应，造成极大的舆论声势，以迫使最高统治者或当政者就范。

这次北京发生了宦官集团与文官集团的斗争，南京的言官们也开始动作。他们上诉批评时政，结果皇帝就下令让北京的锦衣卫到南京去抓人，把这些言官抓到北京来实施廷杖。

王阳明这时是兵部主事，虽然只是正六品，但岗位很重要。在这个时候，王阳明出来为言官说话，说言官是朝廷的耳目，从太祖高皇帝以来，他们就可以风闻言事，如果他们因为说话而受到打击，那以后谁为皇上说话？皇上岂不是要变成瞎子？朝廷岂不是要变成聋子？王阳明发表了这样一番言论，但是其间绝对不提刘瑾，绝对不提宦官的事，这实际上是王阳明一贯的策略，他考虑事情一向很沉稳，但此时的明朝廷不是讲理的地方。

中国历史上所有的所谓文官和宦官之间的斗争，阵线其实十分复杂，并非所有的文官与所有的宦官斗争，而是某些文官联络某些宦官，某些宦官又勾结某些文官，常常是你中有我，我中有你，错综复杂。至于斗争结果，得看哪些宦官和皇帝关系更密切。这一次的结果并不意外，外廷文官集团惨败：内阁三位大学士，除"依违其间"的李东阳外，刘健、谢迁被迫致仕，户部尚书韩文等几十个官员受到贬谪，司礼监三位支持文官的太监也受到处置。

王阳明同样也受到了处罚。这份奏疏一呈上去，就被认为是在影射此事，于是南京的给事中还没到北京，王阳明先挨了棍子，《明史》记载的是40廷杖。但我认为应该是30廷杖，因为一般的廷杖就是30，这是明朝的一种法外之刑，不由刑部执行，是皇帝命令锦衣卫校尉让司礼监太监兼刑，就在午门外面打。当年的午门外，经常有哭爹喊娘的声音。如果锦衣卫校尉同情你，司礼监的宦官想帮你，可以高高举起棍子，狠狠落下，但是不伤筋骨；但如果要置你于死地，那就往死里打，有一些人就被打死了。王阳明因为这份奏疏，受了廷杖，并下诏狱，之后被贬谪龙场。

编造神话：杭州、刺客、武夷山

正德二年（1507）春，王阳明离开北京，前往贵州，选择的第一段路程，是当年祖父带他走过的，也是他曾多次往返过的。王阳明沿着运河南下，经临清、徐州、淮安、扬州、镇江、苏州，来到了运河南端的杭州，拟从杭州到余姚，看望祖母，再去贵州。但是，王阳明从余姚启程往贵州，却是在正德三年（1508）春，于当年春末来到贵州龙场，中间有一年多的时间，其中大半年下落不明。

对于这大半年的行踪，王阳明的说法是，在杭州时他发现有刺客，于是假装落水，攀附在一艘商船上，没想到当晚出现了一阵风暴，商船被风暴刮出了钱塘湾，不知漂泊了多少天，到了福州的鼓山；在鼓山弃舟登陆后，狂奔数十里，来到武夷山；只身翻山越岭，在山上废弃的庙中睡了一个晚上。但他睡得并不踏实，因为庙外传来虎吼声。下武夷山后，他又取道江西玉山等处，才回到老家浙江余姚。

这段故事其实是王阳明自己编造出来的。我2004年去武夷山开会，搭乘一辆客货混装的车，晚上7点从福州出发，凌晨4点半才到武夷山市的宾馆。诸位想想看，王阳明从福州跑到武夷山，又翻越武夷山，要跑多长时间？以王阳明的身体状况，他跑得动吗？况且，刘瑾根本没有派遣任何刺客，既没有派刺客杀王阳明，也没有派刺客杀名列"奸党"的任何人。所谓王阳明在杭州发现刺客的事情，不是王阳明自己的臆测，就是王阳明为自己失踪半年制造的借口和神话。坦率地说，王阳明想做圣贤的过程，也是一个为自己编造神话的过程，弟子们也在不断地给他编造神话。

后来王阳明担任南京太仆寺少卿在滁州讲学的时候，湛若水问他，关于刺客、武夷山，到底是怎么回事？到底是真的还是假的？王阳明顾左右而言他，湛若水明白了，说王阳明是在佯狂，并挖苦不断宣扬这些神话的王阳明的弟子。我很高兴，在不知道湛若水和王阳明的这段故事时，我已经断定这个故事是王阳明编造的了。

另外，导致王阳明下诏狱又贬谪龙场的《乞宥言官去权奸以章圣德疏》，"去权奸"三个字是后来编文集时加上去的，当时上疏的时候绝对没有这三个字，因为这份奏疏通篇看不到抨击刘瑾的字词，更没有所谓"去权奸"的意思，只是希望皇帝免除言官的罪行，说言官是皇帝的耳目，应该让他们自由言事，否则，是自废耳目。如此而已，没有其他。后来弟子们为了把王阳明反宦官的行为塑造得更为伟大，便加上了"去权奸"三个字。

圣人之道，吾性自足

正德三年（1508）春末，王阳明到了龙场驿。龙场驿位于今贵州省贵阳市以北约38公里的修文县。

贵州是明朝13个布政使司中最晚设置的一个，在西南川、黔、滇、桂四省中，也是开发较晚的一个。在中国古代，中原和西南地区的联系，主要有两条通道：一条由关中过秦岭至汉中，再由汉中进入巴蜀，进而入贵州；另一条由湖南经湘江至广西，再由广西进入云南，进而入贵州。当然也可以溯沅水而上，由湘西入贵州，但行程艰难。因此，中原文化多是先经由四川、云南、广西，然后才入贵州，故而贵州的开发不但晚于中原，也晚于川、桂、滇。明朝建立后，贵州地区开始是分属云南、四川布政使司，至永乐十一年（1413）才分离出来，单独建省。

当年这里山高路险，人烟稀少，蛇虺遍布，蛊毒瘴疠弥漫。一眼望去，山叠着山，哪里见得到人？偶尔从丛林中钻出几个人来，不是语言难以听懂的苗族人、彝族人、瑶族人，便是从中原流亡到此地的逃犯，或是匆匆而过的商人。王阳明站在立有"龙场驿"字样的碑石前，望着几个目光呆滞的驿卒，心中一阵凄楚。他得在这里度过漫长的时日，至于何时能返回中原，只有听天由命了。

王阳明到这里做龙场驿驿丞，刚来的时候在茅屋、石洞中栖身，甚至找到一块窝进去的石头，然后对仆人说，我死了以后就睡在这里，就叫这块石头"石棺"。后来他又在一个向阳的山坡上发现了一个石洞，非常像他老家余姚的阳明洞，他就把这个洞叫作"阳明小洞天",经常在那里读书、打坐、思考。

后来,当地人知道他是由于在北京和当权派斗争而被贬谪到龙场,就在龙冈为他搭建了一座庭院,叫作"龙冈书院"。王阳明后来的所谓"龙场悟道",据称就是在这里进行的,当然,也有可能是在"阳明小洞天"完成的。

来到龙场之前,尽管王阳明做过工部观政进士、刑部主事,尽管录过囚、巡视过牢狱,但是他所接触的、所交流的主要是士大夫圈子,是读书人的圈子。但到了龙场以后,他所见到的是当时中国经济最落后地区的民风和民俗,听到的是中原流亡者对当时中国最黑暗现实的揭露,他自己作为贬谪之身,是以最底层的身份,真正接触到中国最底层的社会。

正是因为王阳明的肉体在此时经受了有生以来最艰难的磨炼,他的灵魂真正经受了有生以来最激烈的震撼,他才开始对自己的人生、对当时的社会,有了有生以来最本质的认识。也正是在这个时候,他才真正体会到孟子所说的"苦其心志,劳其筋骨,饿其体肤,空乏其身"的意义。

既然来到了这个地方,能不能回到中原也不知道,那些做圣人、报效国家的想法,都暂且放下,王阳明要面对的是生与死的考验。当放下包袱、放下生死的时候,他内心最深处的能量才迸发出来,对社会、对人的脆弱性与无奈,才有了最深刻的看法。

我的一个朋友是专门研究王阳明书法的，他告诉我，王阳明一生之中的书法，以龙场期间所写的书法作品最有灵气、最真挚。清朝有人编了一个集子，叫《古文观止》，里面一共收了王阳明3篇文章，在我的印象中，这3篇文章全是在龙场所作。

王阳明跟别人不一样，无论是达还是穷，他内心深处想做圣人、想报效国家的初心，从未改变。尽管念头需要放下来，但是这些想法在他的内心深处，仍然推动着他去做该做的事。

初到龙场时，王阳明带着仆人，住在从荆棘中开出的茅屋里，后搬到被称为"阳明小洞天"的石洞之中，虽然最后搬进了"龙冈书院"，但他仍然常常在"阳明小洞天"读书、思考，在这里体悟、把玩《周易》，于是他又将"阳明小洞天"称为"玩易窝"。在这里他写了一篇很重要的文章——《玩易窝记》。

《玩易窝记》说："阳明子之居夷也，穴山麓之窝而读《易》其间。"此地主要生活着少数民族及一些流亡到此的汉族人，这些汉族人后来被当地的民风民俗同化，也变成了少数民族。这里的汉族人中较多的是江西人，明朝滇云地区地广人稀，"无江西人不成其地"，很多江西失去土地的民众成了流民，到湖广、四川、云南、贵州一带讨生活，很多人经商，形成江西商帮。所以我想，也许王阳明在龙场期间，就已经接触了一部分江西的流民。

《玩易窝记》接着说："始其未得也，仰而思焉，俯而疑焉，函六合，入无微，茫乎其无所指，孑乎其若株。"这段话的意思是，开始的时候比较茫然，对于《周易》，只能够读懂其字，但是不太容易看出它里面深刻的道理。但是，读得多了，思考得多了，开始有了体会，一旦觉得有所体会，就进入了另外一种境界："沛兮其若决，瞭兮其若彻，菹淤出焉，精华入焉，若有相者而莫知其所以然。"因而，进入了第三个阶段，"其得而玩之也"，开始"把玩"《易经》，于是有了"玩易窝"之说，有了《玩易窝记》。进入"玩"的境界之后，便能悠然自得了："优然其休焉，充然其喜焉，油然其春生焉。精粗一，外内翕，视险若夷，而不知其夷之为厄也。"王阳明觉得，粗和精已经连为一体，内和外已经连为一体，险和夷也连为一体了。

《玩易窝记》继续说："于是阳明子抚几而叹曰：'嗟乎！此古之君子所以甘囚奴，忘拘幽，而不知其老之将至也夫！吾知所以终吾身矣。'"王阳明觉得自己和古代圣贤之间，有了心灵的联系。当年周文王被幽禁的时候，他在做什么？当年左丘明失明以后，他在干什么？当年司马迁遭受宫刑以后，他又在干什么？于是王阳明觉得不管自己在哪里，都可以像古代圣贤一样做自己坚持要做的事情。

王阳明虽然说是在"玩易"，但实际上他时时刻刻在"悟道"，在苦思冥想以前一直琢磨不透的一个问题：人生和宇宙，人性和天理，致知和格物，"吾心"和"物理"，两两之间到底是一种什么样的关系呢？从前他也按朱熹的教导，去"格物致知"，即去读书、去格物。我们都听过那个故事，说他对着他父亲住处的竹子，格了7天7夜，结果吐了3次血，也因此认为自己不是做圣人的料，但是又不甘心，于是就怀疑朱子教的格物致知是错误的。

其实，朱熹没有错，王阳明也没有错。那么错在哪里？错在他们有不一样的性格，不一样的价值取向，不一样的价值追求，不一样的读书方法。朱熹一辈子读了无数的书，也写了无数的书，见到书就点校，见到书就解读，他是可以安心做一个学者的，而王阳明不是这样。

王阳明的那颗报效国家、报效民众的心，是不能够让他沉下心来一辈子只做学者的，他更希望自己是一个行者，成为社会活动家和政治家。他们的定位不一样，他们的性格不一样。王阳明做不来朱熹要做的事情，他的追求在别处。有人说王阳明比朱熹高明，实际上未必高明，只是路数不一样而已。

人生和宇宙，人性和天理，致知和格物，"吾心"和"物理"，这两两之间到底是一种什么样的关系呢？这个问题是孔子首先提出来的，但他并没有给予明确的解释，而且这问题也令人难以理解，所以子贡才说："夫子之文章，可得而闻也。夫子之言性与天道，不可得而闻也。"

对于这个子贡认为"不可得而闻"的问题，后世儒者不断进行考订、诠释，希望能够解开密码，结果是越解释越复杂，越复杂越艰深，以至于成了专门的学问，朱熹更是成为这门学问的集大成者和权威解释者。

王阳明既然想做圣人，也就必然要和周敦颐、张载、程颢、程颐及朱熹诸儒一样，努力窥破这层道理，努力将自己的心性与天道进行沟通。为此，他一直在思考，一直在体验，但也一直在苦恼。尽管朱子的说法看起来有理，但要用来解释事物，却觉得到处都是障碍。

大概是在构思、写作《玩易窝记》这篇文章的时候，王阳明突然觉得心中一亮，人性与天道竟然连成了一体！性禀天地五常之气而生，是人与生俱来的禀性和天赋。孔子之性，乃孔子与生俱来的禀性。天道为元亨日新之道。元者善也，亨者通也，天道乃万事万物日日不停、新新不已的变化之道或规律。子贡所谓"夫子之言性与天道"，乃孔子之心与万物之理、孔子所禀之性与元亨日新之道的沟通和契合，这是一种说不清、道不明的心灵与宇宙的撞击。日日不停、新新不已之道正在孔子的心中，他人如何能明白，又如何能"得而闻之"？

王阳明豁然开朗，原来，所谓的天理、物理，所谓的圣人之道，全在我心之中，全在自己与生俱来的禀性之中。为圣之道，只需向自己心中、向自己性中去挖掘、去寻找："圣人之道，吾性自足，不假外求。"

《阳明先生年谱》根据王阳明自己的回顾，做了十分传神的描述："忽中夜大悟格物致知之旨，寐寐中若有人语之者，不觉呼跃，从者皆惊。始知圣人之道，吾性自足。"一旦勘破这层关系，王阳明欣喜若狂。此时已是午夜，万籁俱静，仆人早已入睡，忽听得主人叫喊，都从梦中惊醒，但见主人欢呼雀跃，不禁愕然。主人怎么回事，是不是梦游？王阳明说这一瞬间他认识到"圣人之道，吾性自足。向之求理于事物者误也"。

圣人之道就像一盏明灯，后世的儒者不断将自己的认识贴在这盏灯上，久而久之，看到的都是附在这盏灯上的纸，灯本身倒不亮了。王阳明认为，自己的责任，是把这一层层附在圣人之道这盏明灯上的所有附加物统统撕掉，让自己的心、自己的性直接和圣贤对话，与圣贤沟通。

这个发现被王阳明的弟子们称为"龙场悟道"。

学习历程，自我检讨

1515年冬，王阳明编了一个集子，叫作《朱子晚年定论》，他在序里说，自己的学说，是经过"三变"——三个发展阶段以后，才达到龙场悟道的。

第一个阶段，"溺志于词章"，王阳明年轻时和当时的无数青年一样，沉醉于诗文唱和。后来他觉得不应该把有限的青春浪费在舞文弄墨中，于是改弦易辙。第二个阶段，"稍知从事正学"，为了科举，王阳明读"四书五经"，读朱熹的著作，一部又一部地拜读，一部又一部地诵读，结果越读越觉得稀里糊涂，越读越觉得和圣人之道渐行渐远，于是迷糊了。第三个阶段，"求诸老释"，程朱不行，他又和同时代的许多有志青年一样，读道家、佛家的经典，王阳明顿觉惊喜，原来圣人之道就在这里。道教、佛教都教导人们，对于事情拿得下的时候拿，拿不下的时候放。而且，在与道教的这些学者接触的时候，他学会了吐纳之功，还有按摩术，还包括保健体操，他觉得自己的身体越来越好。不只如此，佛教还有很多道理与圣贤之道相通，比如说，儒家讲"大学之道，在明明德"，佛教也教导人们要"明明德"。王阳明觉得与其读朱熹和程颐的著作，不如读道家和佛家的著作，但是，又觉得它们之间有矛盾。佛家的基本宗旨是动员"出世"，道家的教导是与世无争。但王阳明恰恰是要"入世"。所以，王阳明到了33岁时，下决心重新回归"正学"，但这个"正学"，不是程朱之学，而是孔孟之学。

我常常和朋友说，王阳明在他一生最好的时候来到了龙场。为什么说是他一生最好的时候？

第一，王阳明是在他一生中生命力最旺盛的时候来到龙场的。王阳明最后活到58岁，而来到龙场时是37岁。

第二，王阳明是在他读书读到一定程度、体悟悟到一定程度的时候来到龙场的。就像金庸的《笑傲江湖》里，有很多人把内功注入令狐冲的身体里，各种各样的内功在他身体里打架，把他打得一塌糊涂，但任督二脉就是打不通，痛苦得要命。王阳明也是这样，很多思想在他脑中交汇，儒家的、佛家的、道家的，三教九流的，等等。

第三，王阳明是在生活有了一定经历的时候，来到龙场的。王阳明28岁入仕途，37岁到龙场，有了9年的官场经历，而且下过诏狱，受过廷杖，最后跋山涉水，来到这里。身处社会的最底层，没有任何的干扰，把生死置之于外，这个时候恰恰是他的学说碰撞以后，产生灵感的时候。

用王阳明自己的话说，是在经过长期的生活积累，上下摸索、左右徘徊，在迷茫彷徨之中，贬谪龙场，体悟人生："居夷处困，动心忍性之余，恍若有误。体验探求，再更寒暑。证诸五经四子，沛然若决江河而放诸海也。然后叹圣人之道，坦如大路。"于是"龙场悟道"，就此发生，结论就是那八个字——"圣人之道，吾性自足。"

书院讲学

王阳明在龙场悟道，有人打算请他去讲学传道，这个想请他讲学传道的人是谁呢？贵州提学副使，名字叫席书。席书，字文同，四川遂宁人，弘治三年（1490）进士，也是明朝正德、嘉靖时的风云人物。

弘治十六年（1503），云南发生大范围地震，景东卫（今云南省景东彝族自治县）连续7天阴霾蔽日，曲靖则莫名其妙地连续发生大火，灾情严重，人心惶惶。明政府命南京刑部侍郎樊莹前往巡视。樊莹到云南后，认为天灾的根源在于政事的荒怠，于是他劾奏地方官救灾不力，明廷因此罢黜当地不称职的官员1700多人。席书当时任户部员外郎，对这场灾难有自己的看法。他认为，云南发生的天灾，如果要追究人事责任，这责任不是在云南，而是在北京、在朝廷。整个国家犹如一个人体，人的元气一旦受到损害，就会从四肢发出来。朝廷如同人的元气，地方则像人的四肢。云南发生地震，就像人的四肢发生疮疡，根子在元气的损伤。如果只是罢免一批地方官，就好像元气受损，只是专去治疗四肢，岂非本末倒置？

基于这种认识，席书向朝廷上书，陈述己见："今内府供应数倍往年，冗食官数千，投充校尉数万。斋醮寺观无停日，织造频烦，赏赉逾度。皇亲夺民田，宦官增遣不已。大狱据招词不敢辩，刑官亦不敢伸。大臣贤者未起用，小臣言事谪者未复。文武官传升，名器大滥。灾异之警，偶泄云南，欲以远方外吏当之，此何理也？"令上天恼怒的不是云南的那些远方小吏，而是北京的皇亲国戚、宦官权贵，特别是最高统治者皇帝。

席书意犹未尽，列举了发生在东汉的一个著名故事。当时政治黑暗，吏治腐败，灾祸连年，民不聊生。东汉政府派遣官员巡视地方，以了解百姓的困苦。其他官员都整装待发，唯独张纲命人用沙土将自己的车轮填埋。人们不解其意，张纲解释说，如今的问题是豺狼当道，要革除弊端，非除豺狼不可。如果豺狼不去，光捕几只狐狸，有何补益？席书觉得眼下的情况也一样，樊莹职在巡察，放着北京为非作歹的勋戚权贵不弹劾，却去罢黜云南的小官微吏，岂不是舍本而逐末？

当时孝宗在位，内阁大学士是颇负盛誉的刘健、李东阳、谢迁，虽然没有对席书的奏疏太过重视，但也没有给他穿小鞋。武宗即位时，席书正在河南按察金事任上。北京发生的文官与宦官的斗争，刘健等人被罢黜、王阳明等人受廷杖等事情，席书事后都听说了，他担心皇帝日后的行为，也佩服王阳明等人的勇气。

正德四年（1509）正月，席书由河南按察金事升任贵州提学副使。席书一到贵州布政使司所在地贵阳，便听说王阳明被贬到龙场做驿丞，不禁喜出望外。当时，贵州的教育非常落后，席书身为提学副使，兴办学校、培养人才是其责任。要办学校，首先要请教师，可有谁愿意来这穷乡僻壤、化外之地做教师呢？从河南到贵州的路上，席书一直在为这事发愁，没想到天上竟然掉下了一位名师。席书在户部为官时，王阳明正和湛若水聚众讲学。如果能将王阳明请到省城，那可是贵州学子们的福分。不过，席书又有几分担心，朝廷推崇的是朱熹的学问，王阳明却对朱子颇有微词，并极力推崇陆九渊。如果真是这样，事情倒有些麻烦，毕竟席书这个提学副使，得督促学子们学朝廷倡导的"正学"，即朱学。席书本人对陆九渊的心学深有感悟，但如果王阳明在贵阳书院大肆抨击程颐、朱熹，那么他作为提学副使也是要担当责任的，那毕竟是官学。于是他决定向王阳明讨教朱熹和陆九渊之异同，来摸一下王阳明的底。

席书来见王阳明，王阳明也是他乡遇故知，十分欣喜。席书开门见山，问王阳明，朱熹和陆九渊之间有何异同？起初王阳明没有和席书说自己对朱学、陆学的看法，而是把最新的学术体悟——"圣人之道，吾性自足，不假外求"告诉席书。席书听得云里雾里，圣人之道不是格物致知吗？怎么是吾性自足？

王阳明以夏的开创者大禹、周的开创者后稷为例，向席书解释。大禹、后稷，都是圣人，同有为民之心，但禹心是禹心，稷心是稷心，其忧民之念就各不相同。大禹以治水为己任，则必定认为，如果洪水治不好，人民就要遭受水灾。看上去是洪水为患，而实际上是"我"为患。大禹以这种心情去治水，才可能做到13年在外，三过家门而不入。后稷以教农事为己任，则必定认为，如果民众没学会种植，就要遭受饥饿。看上去是民众因为缺粮而挨饿，实际上是"我"让人挨饿。以这种心情去教民农事，才有刻不容缓的感觉。可见，只要心中存着百姓，任何事情都会做好的。所以说，"圣人之道，吾性自足，不假外求"。试想，孔子在2000多年前，哪里会知道他要回答朱熹、陆九渊异同而预先教他回答呢？

后来，王阳明又告诉席书他对陆九渊的"心即理"的理解。"此心在物则为理"，此心必须在物，"物理"才在我的心中，这是"吾心"和"物理"之间的沟通，它们始终是互动的，而不是单向的。

席书终于信服，请他去讲课。王阳明在龙场书院以"四事"授徒。

其一，立志。"志不立，天下无可成之事。虽百工技艺，未有不本于志者。今学者旷废隳惰，玩岁愒时，而百无所成，皆由于志之未立耳。故立志而圣则圣矣，立志而贤则贤矣。志不立，如无舵之舟、无衔之马，漂荡奔逸，终亦何所底乎？"

其二，勤学。"已立志为君子，自当从事于学。凡学之不勤，必其志之尚未笃也。从吾游者，不以聪慧警捷为高，而以勤确谦抑为上。"

其三，改过。"夫过者，自大贤所不免，然不害其卒为大贤者，为其能改也。故不贵于无过，而贵于能改过。"

其四，责善。"责善，朋友之道，然须'忠告而善道之'。悉其忠爱，致其婉曲，使彼闻之而可从，绎之而可改，有所感而无所怒，乃为善耳。若先暴白其过恶，痛毁极诋，使无所容，彼将发其愧耻愤恨之心，虽欲降以相从，而势有所不能，是激之而使为恶矣。故凡讦人之短，攻发人之阴私以沽直者，皆不可以言责善。虽然，我以是而施于人不可也，人以是而加诸我，凡攻我之失者，皆我师也，安可以不乐受而心感之乎？"也就是说，朋友之间要相互要求对方多做好事，不做坏事。但是我们在对朋友"责善"的时候，要让他充分感受到我们对他真切的关爱，语言表达要委婉，场景选择要恰当，让他听了以后觉得可以接受，可以改善，要他有所感悟，但是不会迁怒于你，这才是"责善"。如果他有一点点小过，你就在大庭广众之下，或者用非常刻薄的语言来说，这样的话，即使他明明知道错，但也没有办法放下身份和面子来听从你，反而会对你产生怨恨。从这个角度来说，我们很多场合下所做的事未必是对的。

《孔子家语》里讲"小棰则待过，大杖则逃走"，儿子犯了错误，父亲对他进行惩罚，当父亲把家法请出来的时候，轻微的惩罚你要承受，但是当父亲在盛怒之下，很可能给予过分的惩罚时，儿子应该立即撒腿跑掉。万一他在盛怒之下做出过激的事情，这是陷父于不义。

但是，王阳明认为，虽然我"责善"于人时要场所对、态度好，不可以攻击别人的短处；但是如果有人说我的短处，我不应该跟别人计较，而应该把别人视为自己的老师，谁提意见我要感谢谁。

当然，王阳明并不是终日板着面孔、缺乏情趣的迂夫子。这年夏天，王阳明带着贵阳书院的学子，游历阔别已久的"阳明小洞天"，不觉产生一阵快意，口占一律："古洞闲来日日游，山中宰相胜封侯。绝粮每自嗟尼父，愠见还时有仲由。云里高崖微入暑，石间寒溜已含秋。他年故国怀诸友，魂梦还须到水头。"平心而论，这首律诗即使在王阳明自己的诗文中也算不得上乘之作，却是抱负与情感并存。说抱负，封侯拜相、比肩孔孟，竟在谈笑之中；说情感，春秋冬夏、天涯海角，常似魂萦梦绕。

第三章

政在亲民

从正德元年（1506）十二月贬谪令下到正德四年（1509）十二月，王阳明的贬谪期已届3年。在这3年里，朝中大局相对稳定。以刘瑾为首的宦官势力除了继续对文官集团中的反对派进行打击之外，并没有挑起新的政治事端；相反，倒是推行了一些兴利除弊的措施。王阳明远在贵州，与中原、朝廷音信隔绝，自然也不会再次去惹怒权贵。也就在这年底，吏部的一道文书下到贵州：王阳明转任江西吉安府庐陵县知县。

关于王阳明离开龙场，赴任庐陵，《明史·王守仁传》犯了一个不应该犯的错误，说是"（刘）瑾诛，量移庐陵知县"。但是，刘瑾被诛是在正德五年（1510）的八月，而这一年的三月，王阳明就已经到庐陵上任了。所以，王阳明离开龙场，赴任庐陵与刘瑾的被杀，一点关系也没有，是吏部的正常人事调动。

卧治六月，兴利除弊

　　庐陵知县是王阳明入仕以来担任的第一个行政区主官，虽然只是正七品。明朝的七品官很多，知县、御史、六科都给事中、大理寺的评事、行人司行人都是正七品。也就是说，当了进士以后，就可以直接做到正七品，当然也有一些做到正六品的，那就是六部的主事。

　　王阳明第一个职务是刑部主事，这是正六品。但是这个正六品和知县的正七品实际上没有太大的区别。明朝官场中有几种职务是非常容易获得升迁机会的，第一种是在翰林院做史官，第二种是在六科或十三道做言官，第三种是在大县做知县，第四种是做六部的主事。所以，由于正德元年（1506）上疏言事，王阳明在仕途上兜了一圈，28岁的时候中进士，29岁做刑部主事，现在将近40岁，做了庐陵县的知县，由正六品到正七品，还是处于同一个台阶。

　　由于直接和民众打交道，在宋元明清时期，知县和知府、知州一同被称为"亲民官"，他们是国家律法的真正执行者，是民间疾苦的真正感知者，只有有这个经历的官员，才可能知道民众真正的需求是什么，什么样的国家政策符合民意并具有可行性。战国末年的韩非子有一个著名论点："宰相必起于州部，猛将必发于卒伍。"你要做好的宰相，就必须做过州部的官；你要做勇猛的将领，就必须从士兵做起。

王阳明在庐陵县任职了6个多月，主要做了两方面的工作：

第一，抵制来自上司的不合理摊派，要求免除镇守中官加给本地的不合理负担。

"镇守中官"是中国政治制度史上的一个奇特现象。明朝从成祖永乐（1403—1424）时开始向边镇派驻宦官，称"镇守内官"或"镇守中官"。到宣宗宣德年间（1426—1435），内地各省也遍设镇守中官，地位在巡抚文官和镇守武官之上，并专门搜刮地方特产，向皇帝进贡。所以，每一个镇守中官，都在各省征收许多额外的税种。王阳明赴任庐陵知县时，发现有陈江等几位粮长和里长被拘留在县衙。什么叫作"粮长"？这也是明朝的一个制度，明朝收税不是由地方官员直接向每家农户征收，而是根据田粮的多少分区，每个区有两到三位粮长，轮流负责征收，如果收不够，就要负责征收的粮长先行补贴。

正德二年（1507），当时的江西镇守中官姚某行文江西布政使司，要求凡是生产葛布的县，必须在葛布上市时抓紧采办；不生产葛布的县，也要根据田赋的多少，加派买布银两。庐陵是大县，被摊派银子105两。摊派公文一下到县，群情激愤，百姓拒绝交纳。按照规定，这笔钱得由粮长代赔。陈江等人是粮长，正德三年（1508）赔了105两，正德四年（1509）接着赔105两，而正德五年（1510），不仅105两要照交，还得另外买办葛纱。

王阳明心中沉重起来，光这个庐陵县，每年不仅加了100多两银子的葛纱采办费，另外还加了岁办杉料、楠木、木炭、牲口等项摊派。本来一年交纳的税银是3400多两，如今已达10000多两，约是原额的3倍，这还不包括日甚一日的公差往来接待费用。国家不就是这样败坏的吗？照这样下去，百姓哪里还有活路！听说河北等地已经发生了民变，江西的南赣地区、东北地区，不少百姓已经揭竿而起。如果逼得急了，这庐陵百姓不也要反了吗？

该怎么办？王阳明还没有厘清头绪，果然出事了。乡民进城来，群情激愤，用我们现在的话来说，就是发生群体事件了，人们要求放回粮长、里长，要求缓交葛纱银两。

王阳明想的就是这件事，本来打算给上司打报告，请求放宽催征加派的时限，但一见到眼前这些衣着褴褛、面有菜色的乡民，这放宽时限的话竟然说不出口。在这些乡民中，或许就有胡铨、文天祥的后裔；在他们的子弟中，或许将会产生大明朝的欧阳修、杨万里。当然，这只是我的推测。

王阳明不由自主地激动起来，原本想说的安抚话竟然变成了担保话：第一，立即放人；第二，免除葛纱银两。老百姓当然很高兴，欢呼之后，千恩万谢就散去了。但是，王阳明这是给自己出了一道难题，事涉"葛纱银两"、镇守中官，他得联络吉安知府、江西布政使司，取得他们的支持。说干就干，庐陵知县和吉安知府同城，王阳明一面公事公办，行文给知府衙门；一面公事私办，亲自拜访知府，要求免除葛纱银两。

诸位注意，这个套路从此成为王阳明办事的模式，官场上的事情，一方面要走程序，公事公办；另一方面又要走门路，公事私办。这叫"用两条腿走路"。这个知府也了不起，当然也是敬重王阳明的为人，一面同意王阳明放人，一面立即行文江西布政使司，要求革除所谓的"葛纱银两"。

我有时就在想，为什么别人都不敢抵制的事情，王阳明敢抵制？别人不敢抵制，是怕镇守中官给自己穿小鞋，是怕丢了头上的乌纱帽。但是王阳明不怕，他下过诏狱，受过廷杖，去过龙场，大不了丢官，也没什么了不起。这里就要说到为人处事了。王阳明进入官场以后，从来就不怕得罪人，上司敢得罪，刘瑾敢得罪，皇帝敢得罪，地方恶势力敢得罪，还怕得罪一个镇守中官吗？也许镇守中官觉得王阳明不好惹，也许镇守中官本人也来自穷人家庭，为皇帝采办也是迫不得已，竟然就免除了庐陵的"葛纱银两"。

一个人做事还是应该要有原则，要不怕得罪人，这就叫作"先声夺人"，你因为不怕事出了名，权贵就可能会怕你。

明朝还有一个很有意思的官员叫海瑞。海瑞在浙江淳安县做知县，总督胡宗宪的儿子跑到淳安，想打秋风，结果被当地的官员直接押起来，海瑞立即处理，不等他开口自我介绍，先打一顿，然后遣送出境。有人说，这可是胡总督的儿子。海瑞说，此人肯定不是，一定是冒充的，胡总督家是什么样的家教，怎么会教出这种儿子？海瑞的话提前把胡宗宪给堵住了。所以说，得罪上司也是需要智慧的，你得给别人台阶，给别人留面子，得使别人不好"发作"。这就叫既有胆量也有谋略，要有"老江湖"的滑头。后来又有一个叫作鄢懋卿的人，也想到这里来打秋风，但听说海瑞做淳安知县，就绕道而走，不打秋风了。海瑞后来做南直隶的巡抚，人还没有到任上，有些贪官污吏就已经逃走了。

如果不是王阳明，而是另外一个人来抵制，那个人可能就要受到惩治，但是王阳明做，别人就不敢惩治他。王阳明做官就有一种正气，不管水深浅，他都敢闯过去。

在处理完镇守中官的胡乱摊派之后，王阳明开始处理庐陵县地方的事宜。

民间传说庐陵是火神的居地，是"火城"，所以火灾特别多。王阳明上任不到半年，大大小小的火灾发生了几十起，被烧的县城居民有数百家。对于这些火灾，王阳明的看法和民间传说不一样。火灾大多发生在夏秋之时，这是天气亢旱所致。庐陵县城的民居，又都是木质结构，且建得特别密集；房屋之间，既无砖墙相间，又无火巷相隔，加上街道狭窄，一旦发生火灾，便燃烧一片。

为此，王阳明说服居民，凡临街建筑，均退地3尺，以拓宽街道，既作防火带，也便于疏散人口。每家房屋的两边，各退地2寸，作为火巷；每家出银一钱，用以帮助临巷居民建筑砖墙，切断火势。

火灾问题得到解决后，王阳明着手处理当地的"讼风"。

晚唐的时候有一句名谚，说是"筠、袁、赣、吉，脑后插笔"，筠州府是现在的高安，袁州府就是现在的宜春，赣州府是现在的赣州，吉安府就是现在的吉安。这句谚语是说江西吉安等地的百姓，喜欢打官司，形成了"讼风"，并且产生了一批"脑后插笔"、随时准备替人写诉状的"讼师"。也正因如此，明朝有句官谚："命运低，得三西。"这"三西"之一就是江西，由于好讼，官员只要犯了贪、犯了暴，一般没有好下场。

有个父子俩打官司的故事。父亲到县衙门告儿子不孝，如果状告成功，县衙门就要对儿子施以笞刑。儿子没办法，找了个讼师，付了一笔钱。第二天，银子到位了，讼师没有动静，儿子着急了，马上过堂了，这可怎么办？讼师说不要着急，你上去之前我再告诉你办法。父亲陈述过后，县令喝令儿子上堂，儿子担心得要命，讼师从"脑后"拎出笔，让儿子把两只手伸出来，在他的左手掌写几个字，右手掌也写几个字，然后让他握紧拳头，叮嘱道："这些字你自己不能看，也不能给别人看。等到过堂的时候，你背对着知县，先伸出左手，然后伸出右手，不能搞错啊！"

儿子上堂后，对知县说，我需要禀告隐情，但说不出口，所以写在手上，只能大人您一人看。然后他背过身去，把左手向后一伸。知县定睛一看，上面写着"妻有貂蝉之貌"，这个右手其实可以不伸了，但还是伸了出来，掌上写着"父生董卓之心"。知县哈哈一笑，说了声"老不正经"，让儿子、老子都下去，他们家里的事衙门不管了。讼师就是这么厉害。

浙江绍兴出师爷，江西吉安出讼师。但讼师常常挑起事端，一个很小的事打官司可以打几年、十几年，甚至到京城里面告状。王阳明觉得这个风气必须整治。他到了庐陵以后，发布了一个叫《告谕庐陵父老子弟》的文告，摘录一段如下：

> 庐陵文献之地，而以健讼称，甚为吾民羞之。县令不明，不能听断，且气弱多疾。今与吾民约，自今非有迫于躯命，大不得已事，不得辄兴词。兴词但诉一事，不得牵连，不得过两行，每行不得过三十字。过是者不听，故违者有罚。县中父老谨厚知礼法者，其以吾言归告子弟，务在息争兴让。呜呼！一朝之忿，忘其身以及其亲，破败其家，遗祸于其子孙，孰与和巽自处，以良善称于乡族，为人之所敬爱者乎？吾民其思之。

全文一共2000多字，入情入理，大概意思是吉安本是文献之邦，却以"健讼"著称，连我这个做县令的也感到羞耻。如今正值农忙季节，又遇灾疫盛行，如果将精力都放在打官司上，家中老少无人照料，田中农事也要荒废。如果因为没有及时治疗而使父母、兄弟、子女病死家中，如果因为没有及时播种而使田地荒芜、秋后无收，即使官司打赢了，你们也会后悔的。如果你们真有冤屈，作为县令，我定会为民做主。若有田土纠纷，仍往里老处调解，如里老徇私舞弊，我将拿里老是问。"礼以待民，法以制奸"，历来如此。对于那些专以争讼为能、诬告为快的刁民，本县并非没有办法处罚。县衙之中，有的是刑具，之所以不去用它，是因为庐陵为贤士文人辈出之地，家家都有知书达理之人，只需讲清道理，大家是不会去触犯刑法的。但如果不听教诲，执意胡为，那就国法不容了，到时也休怪本县动用刑罚。

随后他出台了一整套措施，先是恢复了名存实亡的"申明亭"和"旌善亭"，让里老重新负起教化乡民的责任，并要求各家家长对子弟进行管束和教育。同时，强化了明初建立的里甲制度的治安功能，县城内十户为一甲，乡村则以村为单位，要求平时邻里和睦相处，如遇贼盗，则相互救援。这可说是后来王阳明在赣州、南安推行保甲制度的预演。王阳明处处教人要做君子，但是，他做事从来都是有手段的。

亲民与新民

王阳明的一生"事业多在江右"，除了在贵州龙场以外，王阳明在地方任实职只有三个，一个是庐陵知县，一个是南赣汀漳巡抚，还有一个是江西巡抚，所以说他的功业多在江右。但通常把庐陵知县这一段忽略不计，因为知县官品太低，王阳明任职时间又太短。

但是，谁说做官一定要做大官，小官就办不了大事吗？对于民众来说，他们的切身利益、当下疾苦、生老病死、衣食住行，就是大事。如果明朝100多个府的知府，1000多个县的知县，都能够像王阳明那样，以"我"心来体民心，不计个人得失，把解决民众的疾苦视为自己的责任，社会能不太平吗？如果比他们更大的官员、如果明朝的皇帝都能够多为民众利益着想，明朝的国家能不太平吗？能做事还是不能做事，不是以官大官小来判断的，关键是你有没有这份心。湛若水称赞王阳明"卧治六月而百务具理"，在庐陵的这6个多月，王阳明抵制了上司的无理摊派，消除了当地的火灾隐患，革除了当地不良的社会风气。

就在这6个多月里，王阳明形成"为政不事威刑，惟以开导人心为本"的行政风格，为日后在更大平台上施展才干进行了预演。作为"亲民官"的王阳明，从自己任职的实践中，体悟并酝酿着一个重要思想——"亲民"。"亲民"这两个字，后来被他的学生视为王学"三大要"之一，而在我看来，"亲民"是王阳明所有思想中的核心价值所在。

他的学生归纳王阳明的思想有"三大要"：第一，"致良知"；第二，"亲民"；第三，"知行合一"。"知行合一"是什么？我们以为是言行一致，我们以为是理论联系实际，没错，但是"知行合一"的"知"有两个含义：第一是对世界的认知，第二是良知。没有良知的知行合一，不是王阳明的知行合一。王阳明认为有了良知的知行合一，才是他和朱熹的格物致知的最大区别。

什么叫"致良知"？"致良知"实际上也就是"知行合一"，把自己的良知发掘出来，按良知去办事，这就叫"致良知"。但是，无论是"致良知"还是"知行合一"，落脚点都在"亲民"二字。

王阳明教导自己的学生时讲，《大学》的第一句话是什么？是"大学之道，在明明德，在亲民，在止于至善"。什么是"明德"？"明德"就是"良知"，"明明德"就是"致良知"。但如果没有"亲民"，"致良知""明明德"就没有落在实处，就还是佛教的学说。只有"明明德"又"亲民"才是"圣人之道"，才是"真儒"的学问。

正德八年（1513）初，王阳明和首徒，也是他的妹夫徐爱，在北京南下坐船到滁州任职的途中，就开始解读《大学》了。后来徐爱在《传习录》中就把这一段经历记载下来。

徐爱问王阳明，《大学》开篇为"大学之道，在明明德，在亲民，在止于至善"，但是，程颐、朱熹都说此处的"亲民"，当为"新民"。《大学》的后文，有"作新民"之文，此为依据。而先生说应该根据《礼记》的旧本，是"亲民"而不是"新民"。有什么依据？

王阳明毫不含糊地告诉徐爱，程朱说"亲民"应为"新民"，实属望文生义。《大学》后文的"新民"与前文的"亲民"，是两个完全不同的概念。"亲民"以"安百姓"、以"百姓日用"为第一要务，同时也有"教化民众"的意义在里头。而"新民"主要是强调教化而忽视民生，这就偏了。

说到这里，我觉得需要解读一下，什么是"亲民"，什么是"新民"。

程颐、朱熹站在自己的立场，认为《大学》后面的文字很多都是在解释"新民"，所以他们认为"在亲民"应该是"在新民"。为何会这样？很大程度是"立场决定观点"，因为程颐、朱熹特别强调对民众进行教化，"新民"这两个字的主要含义就是教化。但是，王阳明在这里谈出他和程颐、朱熹理念上的不同。什么是"亲民"？亲民是把养育民众作为第一要务。严格说起来，无论是"亲民"还是"新民"，都有两重含义，一重含义是养育，另一重含义是教化，但是"新民"的第一要务是教化，而"亲民"的第一要务是养育，你说生存是第一位的，还是教化是第一位的？

王阳明的"亲民"一提出，立即就引起巨大的轰动，这也是王阳明在从最根本的地方对程朱进行挑战。王阳明告诫徐爱以后读《大学》，当以《礼记》旧本为正，不必尽信朱子之言。

这段关于"亲民"和"新民"的对话，我认为可以说是王学和朱学在执政理念上的根本区别。虽然朱熹和王阳明，都是既关心民众的物质生活，即"养民"，也关心民众的思想教化，即"教民"，但是，哪一个是第一位，这才是分歧之所在。当然，我们也不能说程颐、朱熹就是错的，时代不同，情况不同，所以哪个是第一位的，结论也应该不同。当人民的生活已经富裕，温饱问题已经解决时，第一要务毫无疑问是教化；但当温饱问题都还没有解决时，第一要务毫无疑问是养民。

什么叫作"破中有立"？王阳明就是在"破"朱熹的时候，立自己的思想，这是王阳明心学的一个来由，是它的演进过程。

在我看来，"亲民"既是王阳明政治思想的核心，也是他一生的施政纲领，贯穿于王阳明所有的思想和行为中。而且，王阳明还不断向进入官场的弟子灌输这种思想。

有一个在浙江绍兴做知府的人，名叫南大吉，是王阳明的弟子。南大吉向老师请教"为政之要"，王阳明回答四个字："政在亲民。"执政的根本点，在"亲民"二字。南大吉大悟，立即将自己的听政堂取名为"亲民堂"。王阳明为此专门题写了《亲民堂记》，以示鼓励。还有一个弟子叫赵仲立，为湖广辰州判官，行前问政于老师。王阳明还是回以两个字——"亲民"，而且特别提到"郡县之职，以亲民也。亲民之学不明，而天下无善治矣"。天下的基层官员如果不以亲民为政，天下没有不动荡的，国家没有能够得到太平的，国家要太平，社会要稳定，必须要县官、州官、府官践行"亲民"二字。那么什么是亲民？就是孟子所说的"亲亲仁民"，亲之即仁之，亲民也就是仁者爱人。孔子说"修己以安百姓"，"修己"就是《大学》中的"明明德"，"安百姓"就是《大学》中的"亲民"。王阳明解释，所谓亲民就是爱民，如果不爱民只有明明德，那就是佛家的学说，而非孔孟之道了。王阳明后来不断地丰富这个思想，我们以后还要说到他对"亲民"的几个解释。

从滁州到南京

在王阳明讲学生涯中，滁州和南京是非常重要的两站。王阳明的弟子多受教于此，比如后来很出名的弟子徐爱、黄宗明、薛侃等。徐爱，前面说过，他是王阳明的妹夫，浙江绍兴余姚人，黄宗明是浙江宁波鄞县（今鄞州区）人，薛侃则是广东潮州府揭阳人。还有陆澄、季本等，这时也都在滁州。所以，王阳明晚年的弟子钱德洪说，滁州是王阳明的"讲学首地"，并且在《阳明先生年谱》里面记载了当时的盛况。

我们看看这个盛况。"滁山水佳胜，先生督马政，地僻官闲。"什么叫作"地僻官闲"？明朝的太仆寺是管马政的，在明太祖和明成祖的时候，明朝养马很多，明成祖的时候，官府里头养马最高达到190万匹，所以明朝有足够的力量和蒙古抗衡。但是后来随着草场被侵吞，草场变成了耕地，马也就越来越少了，官养马就变为民养马，让老百姓去养马，然后用交银子来代替养马。所以，马就越来越少，但是银子倒是越收越多。到张居正的时候，太仆寺所存的银子在1000万两以上，给万历年间（1573—1620）的"三大征"提供了有力的财政资助，但是马没有了，于是太仆寺就变成"闲曹"。本来滁州是南京太仆寺所在地，但现在无马可养，所以说地僻官闲，那怎么办？

"日与门人遨游琅琊、瀼泉间。"这个"瀼泉"又叫"酿泉"。大家可能知道，曾经有一位著名的学者来过滁州，那就是北宋的欧阳修。欧阳修曾经在滁州喝过一位和尚酿的酒。一喝，欧阳修就说醉了，但不是真的酒醉，而是陶醉。于是把这个"酿泉"又叫作"醉泉"，还给人家修的一个亭子取了个名，叫"醉翁亭"，并且写了一篇流传千古的散文《醉翁亭记》。欧阳修给自己取了个别名，叫"醉翁"，后来又自称

"六一居士"：藏书一万卷、金石遗文一千卷、琴一张、棋一局、酒一壶，再加上自己这老翁一个。为此他还写了一篇《六一居士传》。

但是，王阳明在滁州待了很长一段时间，在他的诗文里，却没有发现任何涉及欧阳修的文字。也许王阳明有个误解，觉得像欧阳修这样的大才，到了滁州以后，竟然纵情于山水，自号"醉翁"，实在是玩物丧志，所以不提。如果是这样，倒是对欧阳修的误解。欧阳修是以自己的方式，养精蓄锐。而且，欧阳修所处的北宋士大夫的生活方式，也和王阳明所处的明朝士大夫的生活方式不一样。

王阳明在滁州聚众讲学。"月夕则环龙潭而坐者数百人，歌声振山谷。诸生随地请正，踊跃歌舞。旧学之士皆日来臻。于是从游之众自滁始。"慕名来到滁州的人越来越多，拜王阳明为师的人也越来越多。

后来，这批人又追随王阳明到了南京。而在这个过程中，王阳明也越来越把百姓的日用之学作为自己学说的重要组成部分。有这么一个例子：

有位浙江永康籍的青年名叫周莹，曾拜王阳明的一个学生应元忠为师，后来在应元忠的提议下，专程前往南京拜见王阳明，希望能在王阳明这里受到更多的教益。

王阳明听完周莹诉说来意之后，问道：你是从应先生处来？

是的。周莹回答。

那么应先生都教了你些什么？

周莹说，应先生也没教什么，只是每天要我立志，要我读圣贤的书，要我别溺于流俗。应先生还说，这些道理曾请教过阳明先生，如果我不相信，可直接向阳明先生求证。因为这个，我才不远千里来求教。

周莹一五一十地说明了事情的原委。

王阳明听了，问道：这样说来，你是不相信你老师说的话了？

周莹连忙解释：我相信老师的话。

王阳明笑道：相信你还来干什么？

周莹说：应先生虽然教了我应该学什么，却没有教我怎么学。没有学习的方法，即使知道该学什么也是无济于事啊！

王阳明看了看他，摇摇头说：你已经知道了方法，没有必要再拜我为师。

周莹听了茫然：已经知道了方法？先生可别拿我开心。我如果知道方法，就不会千里迢迢来见先生了。还望先生看在应先生的分儿上，不吝赐教。

王阳明笑了笑，又和周莹进行了一轮问答：

——你从永康而来，路程很长吧？

——有千里之遥。

——确实很远。是乘船来的吗？

——是的。先乘船，后又换成车。

——那是够辛苦了。现在正值盛夏，路上热吧？

——热得很。

——来的时候带了盘缠、仆人没有？

——都带了。但仆人在途中病了，我将盘缠留给了他，自己借贷了一些钱，继续来南京。

——你这一趟来得真不容易。既然是这样，你中途为何不返回家乡，也省得吃如此多的苦头？是否有人强迫你？

听了这番话，周莹感到受了委屈，说没有人强迫啊，我既然已经决心投入先生之门，别人看来劳苦艰难的事，在我看来，就成了很快乐的事了。既然如此，我又怎能为了一点微劳而打退堂鼓呢？又何必要别人相强呢？

王阳明听了，拊掌而笑：这就是我说你已经知道方法的根据。你想到要入我的门下，便不辞劳苦，不需别人强迫，见水乘舟，无水陆行，冒酷暑，贷钱粮，终于实现了愿望。这是谁教你的方法？不都是你自己的主意吗？既然是这样，你立志于圣贤之学，自然也会以这种方法和态度去追求。你现在还需要我教你方法吗？

读了这段对话，也使我明白一个道理，所谓"圣人之道"，首先在于解决自己的生存问题。所以，为了养家糊口而努力工作、追求物质利益，并不是什么丢人的事，而是天经地义的事。所以我更加理直气壮地对很多学生说，先把所谓的理想、抱负放下，藏在心中，先不要和我说什么"诗与远方"，先解决自己的生存问题、养家糊口的问题，然后再来谈其他问题。坦白地对大家说，我就是这样做的。所以，我1981年研究生毕业之后，1986年才发表第一篇论文。这5年的时间我在干什么？在继续读书、继续思考，也在外面兼课，得挣钱给小孩买奶粉，挣钱给家里用。当然，我那个时候不像现在的年轻人需要买房，房子是学校给的，不过也是小小一间。穷则思变，有一段时间我打算不做历史了，去考律师证，做律师去，这样才能给家人更好一些的生活条件。

王阳明在滁州为南京太仆寺的少卿，在南京为鸿胪寺的正卿，官是闲官，但王阳明从来不是闲人，他利用朝廷给他的"有闲时光"，大张旗鼓地讲学，大张旗鼓地收授门生，大张旗鼓地宣扬他的"圣人之道，吾性自足"。并且他在各种场合，通过对《大学》的解读，对程朱理学进行抨击。无论是穷还是达，他都有兼济天下之心，只是方式不同而已。

王阳明的学说虽然和陆九渊的学说并称为"陆王心学"，但是王阳明学说的初心不是对陆学的继承，而是对朱学的批评，是破中有立。

第四章

"良知"二字，从百死千难中得来

正德十一年（1516）九月，王阳明45岁时，被任命为巡抚南赣汀韶都察院右佥都御史，有些史书写成"巡抚南赣汀漳都察院右佥都御史"。南赣汀漳都察院右佥都御史，简称"南赣巡抚"。从此，王阳明的仕途进入鼎盛时期，学术也进入高潮时期。

南赣巡抚

被提拔为南赣巡抚，对王阳明来说是一件十分突然也十分偶然的事情。

在此之前，曾经有御史向朝廷建议，发挥王阳明讲学的特长，让他做国子监祭酒。但是，朝廷没有理会这个御史的建议。因为朝廷不可能让王阳明去做祭酒，他要是将自己的一套学说在国子监胡吹乱侃，那还不误人子弟？

正德十一年（1516）初，朝廷已经任命一位官员为南赣巡抚。这个官员是明朝设立南赣巡抚以来的第七位巡抚，但是，这位官员觉得这个事情自己干不了，所以表示自己身体不好，无法赴任。朝廷很是恼火，身体不好你就退休算了。这位官员宁愿退休，也不去南赣做这份苦差事，于是呈报退休了。结果，这个差事在两股力量的共同作用下落在了王阳明的身上。

当时不待见王阳明的人很多，力量也很强大，他们以内阁首辅杨廷和为首。杨廷和是明朝正德、嘉靖年间（1506—1566）重要的政治家，对于稳定正德后期、嘉靖初期的政局，革除正德时期的一些积弊，起了重大作用。

大家也许不了解杨廷和，但是他的儿子大家应该听说过，他的儿子叫杨慎。也许大家不知道"杨慎"其名，但是一定听过《三国演义》的片头曲，"滚滚长江东逝水，浪花淘尽英雄"，这就是杨慎的杰作。

杨廷和与他的内阁同僚，都属于朱学的代表人物，而同一时代的伟大人物之间，也未必就一定投缘。杨廷和与他的同僚们显然不希望王阳明回到北京，更不可能让王阳明去做国子监的祭酒。与其这样，倒不如让王阳明去做南赣巡抚。你不是要做圣贤吗？你不是要"知行合一"吗？既然如此，做南赣巡抚去吃吃苦头，省得一天到晚耍嘴皮子。所以，本来是压制王阳明的力量，但在南赣巡抚问题上，成了支持王阳明的力量。

王阳明的力挺者，以兵部尚书王琼为首。王琼是明朝中期一位难得的干才，正德时（1506—1521）历任户、兵、吏三部尚书，嘉靖时（1522—1566）又以兵部尚书兼都察院右都御史，总督陕西三边军务。他为户部尚书则明习国计，各地仓场的储备、诸边粮草的多寡，尽在其心中；为兵部尚书则熟知军情。当时各地都有民变，将士依边功例，以首级多少论功，王琼手头上却有许多关于江西、四川等地官军杀平民请功的报告，通过他的力争，朝廷决定对平定内地"贼盗"的将士，只以是否平定论功，革除以首级多少论功的制度。他在陕西三边总督任上则料敌如神，攻守兼备，抚战互用，多次击退蒙古瓦剌部及其他部落的侵扰。

王琼听说王阳明15岁时就去过居庸关外，还逐赶过蒙古部落的小孩，但那都是少年人的瞎胡闹，不能当真；也听说他钻研过兵法，以果品盘碟布阵，并在督造王越墓时以兵法节制民工，但那也能算是懂兵法？但是，王琼正是在这些道听途说中了解了王阳明。明朝的武官多是世袭，有几人领过兵、见过阵？而北御外敌、南平内乱的多是文官。当年王越提兵偷袭鞑靼于红海子、威宁海子，韩雍破民变于断藤峡，是何等的壮举！他们以前也并没有带过兵，却比武人更有胆略。王阳明敢于独出塞外，敢于以一人抗天下，清算朱子的学说，仅这份胆量，大明朝就没有第二人。

由于王琼是"本兵"，平"贼"、灭"寇"是兵部的事情，所以他的意见起着决定性的作用。

在这两股力量的共同推动下，王阳明做了南赣巡抚。南赣巡抚的任命，对于王阳明来说是人生中的又一大转折，与贬谪龙场具有同等甚至更大的意义，是上天赐给他的一个新平台。我甚至可以断定，没有龙场之行，王阳明或许也可以通过其他的方式，得出类似于"圣人之道，吾性自足"的认识。我为什么做这个推断？因为陆九渊也没有龙场之行，却提出了"心即理"；湛若水没有这个经历，也提出了与王阳明类似的看法。但是，如果没有南赣巡抚的任命，一定不会有我们现在所知道的王阳明。

可以说，贬谪龙场，成就了中国思想史上的王阳明；南赣巡抚的职务，成就了中国政治史上的王阳明。前者为王阳明的"立言"奠定了基础，后者为王阳明的"立功"提供了平台。这两方面相互激发、相互推动，造就了一个"三不朽"的王阳明。

王阳明得到任命以后，我相信他一定是心中狂喜的。王阳明时代的各省巡抚，相当于今日的省委书记加省长，再加省军区司令员，注意，不是政委。南赣巡抚则是江西、湖南、广东、福建四省边区的最高军政长官，负责的是准省级单位。但是，王阳明并没有急于赴任。因为此前六任巡抚都没有搞定这片地区，王阳明得做社会调查，要思考，南赣的症结在哪里，到南赣之后该怎么做。

王阳明有一句名言：此心在物则为理。心在物上，理在心上。那么，他在南赣汀漳，此心就在南赣汀漳，这样，南赣汀漳的"理"才会在自己的"心"中。同时，他回了一趟余姚，看望98岁高龄的祖母。看望祖母以后，王阳明从南京启程，顺长江而上，到江西的湖口，然后进入鄱阳湖，溯鄱阳湖而上，从现在江西永修县的吴城进入赣江，再溯赣江而上，于正德十二年（1517）正月十六抵达赣州。

从王阳明接受委任到赴任赣州，前后历经4个月。如果将王阳明出仕之后的几次大变动做一比较，可以发现他对这些变动的不同态度。

贬谪龙场的旨意是正德元年（1506）十二月下达的，王阳明于正德二年（1507）春离开北京，正德三年（1508）春才到龙场，途中花了一年的时间；正德七年（1512）十二月由吏部考功司郎中升任南京太仆寺少卿，王阳明到滁州的时间是第二年八月，前后8个月。与此相反，正德四年（1509）底由贵州龙场驿丞升江西庐陵县知县，王阳明于第二年即正德五年（1510）三月中旬到任，前后3个月；九月得知刘瑾被诛的消息，王阳明一个多月就到了北京；这次王阳明被任命为巡抚，从受命到就任，其中包括去余姚省亲，其间不过4个月。而省亲回南京后，王阳明于正德十二年（1517）正月初三启程，正月十六便到了赣州，路上的时间不到半个月。

这说明王阳明对于朝廷的命令，是有自己的选择性态度的。朝廷贬谪自己，或者让自己赋闲，他就绝对地消极怠工；相反，朝廷让自己办事，或者给自己更高的平台，他则刻不容缓。这也反映了王阳明的性格特征，当然，这种性格特征毫无疑问会给别人留辫子，但王阳明并不在乎，让你抓就是了，能奈我何！

出乎所有人的意料，前后历经20年、6位巡抚都没有搞定的事情，王阳明到了赣州以后，仅用了15个月的时间就搞定了，他将福建、江西、广东三省的"积年巨寇"全部剿灭了。也就是说，别人办不了的事情，王阳明就是办得成。这就是"破山中贼易"，你不服不行。"山中贼"破了，得破"心中贼"，所以，他又设福建平和、江西崇义、广东和平三县，进行管理。他同时推行文化建设，制定《南赣乡约》，推进地方社会的自治；建立书院，授徒讲学。

对于王阳明来说，真正的考验发生在正德十四年（1519）。与此同时，王阳明的"立功"也在这一年达到鼎盛，"立言"也在"立功"中得到磨砺和升华。

这一年初，王阳明以祖母病危、自己身体多病为由，疏请致仕，朝廷没有批准。六月，王阳明奉敕戡处福建兵变。行至丰城，得到宁王朱宸濠在南昌发难的消息，王阳明赶紧返回吉安，与吉安知府伍文定等共同起兵，攻取南昌，并在樵舍生擒朱宸濠，平定叛乱。八月，王阳明已经平定了宁王叛乱，自封为"总督军务威武大将军总兵官太师镇国公"的明武宗，率领京军南下，驻扎在南京，宦官张忠、张永分两路往江西，王阳明奉敕巡抚江西，返回南昌，安抚京军。

在南赣任上，王阳明干了三件大事：第一是平定四省交界地区的闹事流民；第二是平定宁王朱宸濠的叛乱，并因此而获封"新建伯"；第三是应对从北京来的以皇帝为代表的那帮爷，这是最为劳心又最为诡异、最为险恶的。

但是，也正是在处理这三件重大的危机之中，王阳明酝酿出了一个新的思想，也就是他一生学术的结晶——"致良知"。

这三件事都不是好办的。但是对王阳明来说，最难办的是最后这件事。前面两件事可以说是在谈笑之间解决问题，但是最后这件事涉及身家性命，一着不慎，满盘皆输。也就是在这个过程中，王阳明感悟到人生的"心中贼"：人内心的"良知"难道是被狗吃了吗？

种种措施，系统工程

王阳明在赣州一年多，这里数十年的"积寇"全部被荡平。这不但让想看他笑话的人统统大跌眼镜，不得不佩服他，而且连推荐他的兵部尚书王琼也觉得不可思议，怎么可能啊？

所以人们觉得，这个王阳明在军事上真是了得。不断有朋友问我，王阳明是如何带兵的，是如何用兵的？如果将王阳明和白起、韩信、李靖、岳飞比，谁更厉害？

就我个人的看法，王阳明真正的伟大之处，只是两个字：用心。他是时时用心，事事用心，处处用心。他向学生解释"心即理"时说："此心在物则为理。"这是王阳明对陆九渊"心即理"的深切体悟和直白解读。你的心在物上，物的理你也就自然明白，这就是"心即理"。

在南赣，他重视用战争解决南赣的问题，但又不把战争视为单纯的军事行为。南赣汀漳的"山贼"是军事问题，更是社会问题，需要的是综合治理，而不仅仅是军事打击。而且，他网罗了一批高人。王阳明在给将士请功的奏疏中，特别说到了几位"体制外"的"帐下之士"：听选官雷济、义官萧禹、致仕县丞龙光等。王阳明和他们共同谋划，在南赣推行了一个系统工程。

第一，清除内奸，行连坐法。

有文献记载说，以往官军的每一次活动，流民首领都知道，因为他们在衙门里头买通了内奸。所以，王阳明首先做的一件事，就是清除内奸。但是，他清除内奸，并不是抓和杀，而是给他们将功赎罪的机会，把内奸转变为"谍中谍"，让他们为自己办事，让他们继续向流民首领提供情报，当然，提供的是让流民首领掉进陷阱里的情报。

连坐法、十家牌法，是借用里甲制推行的。

明朝建立之后，推行里甲制，110户为一里，10户为一甲，王阳明的十家牌法，就是在这个基础上推行的。但是，明太祖行里甲制，为的是派役方便；王阳明行连坐法、十家牌法，是用来维护治安的。办法比较复杂：

一是在每家的墙上，都制作一块粉牌，粉牌的右边标题写明"某县某坊民户某人"，接下来是该户属某坊、某都、某里的里长某人之下。如该户是军户，则写明属某千户所某总旗某小旗队长某人之下；如是匠户，则写某里某甲下某色匠，如木匠、石匠、铁匠、泥瓦匠等；如是客户，则写明原籍某处某里某甲下，是何户种，在本地的何里何甲居住，从事何种职业；如是官户，则写明在某衙门某官之下，做何种职业；如在本地购买了土地，则要写明土地原来的主人及买田时的保人是谁。接下来便是各家有男丁几人，在家几人，外出几人，以及各人的名字、年龄及从事的职业。然后是妇女几人，房屋几间，是自己的房子还是租用的房子，等等。也就是说，在每家每户的墙上，都有一个详细的家庭介绍。

二是每10家为一甲，发一块木牌，照样式写好，10家轮流掌管。每天的酉时，即傍晚，当值的一家户主，要拿着这块木牌，往其他9家巡视，根据各家的粉牌进行查审：某家今夜少了某人，往何处，干何事，何日回来；某家今夜多了某人，是何姓名，从何处来，来干何事。巡视完后，连同自家的情况，通告各家。如果有可疑之处，立即告知官府。如有隐瞒，一旦事发，10家同罪。

这套办法对于从来不受拘束的四省边界居民来说，实在是过于烦琐，王阳明自己也明白这一点，所以在告示中予以特别声明：

> 今为此牌，似亦烦劳。尔众中间固多诗书礼义之家，吾亦岂忍以狡诈待尔良民？便欲防奸革弊，以保安尔良善，则又不得不然。父老子弟，其体此意。自今各家务要父慈子孝，兄爱弟敬，夫和妇随，长惠幼顺，小心以奉官法，勤谨以办国课，恭俭以守家业，谦和以处乡里。心要平恕，毋得轻意忿争；事要含忍，毋得辄兴词讼。见善互相劝勉，有恶互相惩戒。务兴礼让之风，以成敦厚之俗。

十家牌法是王阳明平灭"山贼"计划中的重要一招——切断城乡居民与"山贼"的联系。公开的告示只是给民众打招呼，要真正实行，还得靠官府的督促和检查。为此，王阳明连续给所属的按察使司分巡道、兵备道、布政使司分守道，以及府州县大小衙门发布通告，告知新巡抚已经上任，要求各级官员将各自辖区的治安情况及兵马钱粮状况进行禀报，并对平灭

"山贼"提出建议。同时，他要求在各府州县推行十家牌法。

在给各按察使司分巡道的指令中，王阳明特别说明了推行十家牌法的真正用意：

> 照得本院巡抚地方，盗贼充斥。因念御外之策，必以治内为先。顾莅事未久，尚昧土俗，永惟抚辑之宜，懵然未有所措。访得所属军民之家，多有规图小利，寄住来历不明之人，同为狡伪欺窃之事。甚者私通拳贼，而与之传递消息；窝藏奸宄，而为之盘据薮缘。盗贼不靖，职此其由。

由于居民多通"山贼"，所以才行十家牌法，其实是行十家连坐法，一家"窝藏"或者暗通"山贼"，10家连坐。这种办法，使得居民不敢和"山贼"接触，断"山贼"内应和粮食补充。

王阳明要求各分巡道将他的指令立即下达给所属府州县，由掌印官亲自负责，依照样式制作十家牌，沿街沿巷，逐乡逐村，挨次编排，而且必须在一个月之内完成。各道要严加督察，到时检查，将所造名册上缴巡抚衙门，以备查考。依违拖沓、过期未办者，罚；急公忘私、编排及时者，奖。

话虽如此，但南赣汀漳巡抚所辖的地域是如此的辽阔，地形又是如此的复杂，不要说一个月内编排完十家牌，就是每个乡、每个村都走一遭也来不及。王阳明虽然说是历经磨难，也做过几个月的庐陵知县，但庐陵县再大，比起今日南赣汀漳巡抚所辖范围，也不过是弹丸之地。初为封疆大吏，第一次来这四省接壤地区，正如王阳明自己所说，确实因"莅事未久，尚昧土俗"。

而且，不但城乡居民，就是各县、各府、各道官员也从来没有做过如此烦琐的事情。官员们都知道商鞅曾经行过什伍连坐法，但那是秦朝的苛法，如今是什么世道，也搞十家连坐法？

但是，王阳明有自己的想法和个性。虽说"山贼"中多属贫苦农民，但一日不平，地方一日不得安宁，对政府、百姓都没有好处，自己也无法向朝廷交代。要平灭"山贼"，就必须切断他们和城乡居民的联系。所以，不管有多大的阻力，十家牌法必须推行。而能否推行，就在于各级官员是否认真办事。

王阳明再次发布指令，对有些官员将十家牌法视为虚文的行为进行了严厉斥责，重申编排十家牌法的办法，并特别强调了吏部在给他的任命中所引用的圣谕："军卫有司官员中，政务修举者，量加旌奖；其有贪残畏缩误事者，径自拿问发落。"

王阳明的一丝不苟，使得大小官员也不能不认真了。一时之间，十家牌法倒真在赣州、南安等府的一些属县推行了起来。

第二，训练民兵，筹集粮饷。

正所谓知己知彼，王阳明早就知道明朝军队的情况：体制内的军队除了欺压民众，根本没有什么战斗力，所以，前任巡抚打"山贼"，都是靠调"狼兵"。"狼兵"是广西及湘西少数民族的军队，以苗族、瑶族为主体。他们像虎狼一样，打仗勇敢，抢东西也狠。南赣汀漳的当地民众，有一个说法：贼如梳，兵如篦。什么叫作"贼如梳"？流民来了，像梳子一样把你的财富掠走一些，但是还留下了一些。什么叫作"兵如篦"？官兵来了，特别是"狼兵"来了，像篦子一样，把你的财产搜刮得干干净净。所以，当地民众宁愿来"贼"，也不愿意来"兵"。为什么会这样？当然是因为"狼兵"无纪律，不受约束；也因为军队缺乏粮饷，即使有一点，也被军官克扣。所以，所谓"剿匪"就是官兵解决粮饷问题的方式，他们就是来抢劫、发财的。

对于明军和官府的这些弊端，王阳明早就摸得一清二楚，所以，王阳明要训练一支能打仗的军队，还筹集钱粮给军队发薪水。否则，"兵"和"贼"有什么区别？王阳明"两条腿走路"，一面组织、训练民兵，一面筹集钱粮。

我们前面说过，南赣巡抚相当于准省级军政长官，管着四省交界地区的八府一州，王阳明就在这里抽调青壮年，组织民兵队伍。这个时候，江西分巡岭北道兵备副使杨璋报告，说是对所属各县的机兵捕快进行了挑选，将身强体壮者重新加以编练，较往日大不一样。既然如此，福建、广东、湖广的捕快不是也可以编练吗？所以，王阳明要求各分巡道副使和杨璋一样，在所属各县的弩手、打手、机兵、捕快之中，挑选"骁勇绝群、胆力出众之士"，每县多则十几人，少则八九人；如数量不够，则悬赏招募，重赏之下，必有应募者。这样，王阳明在江西、福建两兵备道各招了五六百人，在广东、湖广两兵备道各招了四五百人。从中再选出勇力、胆识尤其出众者，用为将官。再从卫所军官中，挑选武艺出众、有实战经验者，对民兵进行正规训练。王阳明对这支新编的民兵队伍寄予了很高的期望，称之为"精兵"。在后来对四省山区的流民及惯匪的战斗中，这支民兵队伍还真起到了核心和骨干作用。

一方面训练民兵，另一方面筹集粮饷。王阳明看准了赣州两大财源：一个是盐税，另一个是商税。

中国人说：每日开门7件事，柴米油盐酱醋茶。比起其他6件事，食盐显得意义更为重要。酱醋茶未必每人每日都需要，柴米油各地都有生产，但食盐的产地有限，而且没有替代品，所以，历代中央及地方政府均将盐税视为重要的财源。

明朝建立以后，对食盐的生产与销售进行了严格的控制。商人支盐需要盐引，而且支盐和卖盐都有指定的地点。根据明朝的规定，只有淮盐可以在江西销售，后经南赣巡抚的力争，南安、赣州两府，允许销售广盐。广东盐场的盐进入江西时，需向赣州盐关交纳盐税，南赣巡抚可以从这些盐税中提取一部分作为地方经费。其实，商人"行盐地"的规定和变化，也是商人及各地政府利益分配的增损。

另一个是商税。由于倭寇的骚扰，以及统治者希望建立一个稳定不变的政治社会，明朝长时期实行海禁。接待外国使者及管理朝贡贸易的市舶司也由元朝的七个减为三个，而且规定，宁波市舶司只许接待日本使者，泉州市舶司只许接待琉球使者，只有广州市舶司能接待东南亚及印度洋诸国的商人。虽然海上走私不断，但按官方规定，只有广州一口通商。这样一来，不仅南北贸易，而且对外贸易也主要依靠运河—长江—赣江—北江这一水上通道。南来北往的商人，都要通过南安、赣州，并交纳商税。而对于商税的分割，朝廷和地方之间也经常讨价还价。

王阳明认准了这两个财源，连续给朝廷打报告，提出如下要求。其一，不仅南安、赣州继续行广盐，而且将广盐的行销范围扩大到吉安、临江、袁州。商人在南安、赣州二府卖盐，需按十抽一纳税，这是"原例"；但如果在吉安等三府卖盐，因利润更大，建议按十抽二的比例交税。其二，整顿南安折梅亭、赣州龟角尾两个税关，统一在龟角尾收税。这样，来往商人不觉繁复，而且无法偷税漏税，更为重要的是，可以部分革除奸吏贪污及因为收受贿赂而少收或不收商税的积弊。其三，在当地的民乱没有平定之前，这些商税可以留作南赣巡抚平乱的军费。

经过反复陈述和交涉，朝廷同意了王阳明的要求，加上对贪官污吏赃银的追索，编练民兵的军费问题基本解决了。当然，朝廷不可能等着王阳明一步一步将十家牌法、选练民兵、筹集军费等事项做完后再去"剿贼"；恰恰相反，只有不断得到"剿贼"的捷报，朝廷才可能对王阳明一个接一个的要求予以满足。王阳明对这一点看得十分清楚，所以，必须以战绩来换得朝廷对自己的支持。

第三，声东击西，各个击破。

王阳明开始说要打江西西南的"山贼"，却直接灭了福建南漳地区的"山贼"；说是打江西桶冈的"山贼"，却把军队调去打横水。

诸如此类，以及王阳明在平灭南赣"山贼"之后的一些措施，我们在本书中没有办法逐一列举。这里再说一件事，就是"攻心"。

攻心为上

这里我们共同欣赏一段王阳明的文字，看看什么叫作"攻心为上"。王阳明平定南赣的最后一仗，是剿灭活动在广东北部和江西交界地区的"山贼"，此处又称三浰，现在属广东河源市的和平县，原来属龙川。活动在这里的"山贼"被认为是所有江西、湖南、福建、广东四省交界地区"山贼"中最为凶悍的。为了分化敌人，避免过多的人员伤亡，也出于恻隐之心，王阳明亲自写了一篇《告谕浰头巢贼》的文字，让人广为散发。

《告谕浰头巢贼》说：

> 夫人情之所共耻者，莫过于身被盗贼之名；人心之所共愤者，莫甚于身遭劫掠之苦。今使有人骂尔等为盗，尔必怫然而怒。尔等岂可心恶其名而身蹈其实？又使有人焚尔室庐，劫尔财货，掠尔妻女，尔必怀恨切骨，宁死必报。尔等以是加人，人其有不怨者乎？人同此心，尔宁独不知？乃必欲为此，其间想亦有不得已者。

这就是设身处地为对方着想。王阳明接着说，你们现在为"山贼"，一定是由于这两个原因：第一个原因，官府的压迫；第二个原因，大户的兼并。所以你们在无奈之中逃离故乡，或者杀人，或者放火，然后落草为寇，入山为"贼"。

接着，王阳明给他们指明三条出路，也都合情合理。我读这一段文字，真心十分感动。我想，如果我是"贼"，可都要出来投降了。王阳明下面的文字，大意是这样的：

朝廷用兵，实是迫不得已。好比父母有十个小孩，八个小孩都是善良的，而两个小孩是为恶的。而且，这两个为恶的小孩，要害那八个为善的小孩，那怎么办？如果为恶的两个小孩的恶不除，为善的几个孩子就无法安生。假设你们是这两个为恶的小孩，真心洗心革面，真正改过向善，那就是朝廷的赤子了，父母喜不自胜，怎么可能、怎么舍得再妄加杀戮呢？这又是将心比心了。

接着，王阳明继续将心比心，说：你们整天提心吊胆，辛苦为"贼"，其实是因为缺衣少食。本院认为，你们何不以为"贼"的勤苦精力，用之于农耕，运之于商贾？这样既可以坐致饶富，又可安享逸乐，还可以放心游观城市、优游田野，岂似今日般担惊受怕，忧苦终身，还有身灭家破、妻子戮辱之忧？

然后，王阳明继续说：你们当时为"贼"，就是走向死路。今日本院让你等改恶从善，是指明活路，你们为什么反而不愿意走、不敢走呢？本院以亲民为政，以爱民为心，无故杀一鸡犬尚且不忍，何况人命关天？如果你们担心我是骗你们的，你们出来，然后我又杀你们，这就是我不对了。如果是这样，冥冥之中，是有还报的，本院必定遭到天谴，并祸殃及子孙。

王阳明的攻心还真起了作用，浰头的"山贼"动摇了，人心浮动。首领们也发生了意见分歧，有人主张投降，有人认为投降也可能是死，最后他们决定，去赣州试探一下，看看王阳明所说是真是假。于是，浰头"山贼"的90多个首领到赣州，商量归降事宜。他们一开始驻扎在城外，不敢进城。王阳明派人劝说，来都来了，这么多年躲在山中，也没进入城市，何不到赣州转一转？绝对没有杀害你们的意思。于是大家一起进了赣州城。王阳明把他们安排在祥符宫住下来，然后好吃好喝好款待。祥符宫现在还在，只是改名"文庙"。首领们住了两天，觉得心里还是不踏实，梨园虽好，不是久留之地。王阳明说，过两天就是除夕了，本院也是第一次在赣州过除夕，将大张灯火，你们在山里头哪里能看到这种热闹？何况，你们即使现在回去，也赶不上过除夕，不如就在这里过除夕。

除夕晚上，赣州城内张灯结彩，灯火辉煌，首领们看得也很高兴。然后第二天，正月初一了，大家向王阳明告辞，说该回去了，灯也看了，那里还有成千上万的兄弟，如果没人管辖，怕他们闹事。王阳明最担心的就是有人管辖，就说明天本院将在祥符宫大设宴席，款待你们，痛痛快快喝一顿酒，初三你们就可以走了。首领们磨不开面子，又住下来了。但是，就在第二天凌晨，数百官军悄悄潜入祥符宫，冲进各个房间，见人就杀，90多个"山贼"首领，一个不剩。

早上议事时，王阳明吐了几口鲜血，做了不该做的事啊。每当看到这一段记载，就觉得王阳明似乎回到了诸葛亮火烧藤甲兵的场景。《三国演义》里说诸葛亮七擒孟获，火烧藤甲兵。诸葛亮一边高兴，一边流下眼泪，说他做了这么造孽的事情，可能要减少他的寿命。也许这也一直是王阳明心头的一个不解之结，所以，在写给朝廷的报告中，王阳明没有说是乘夜在祥符宫斩杀"山贼"首领，而是说公开铲除。王阳明的学生也做了很多的解释，但是，这是没办法解释的。就算这90多个人里头有十恶不赦者，但也并不是个个都该这样被杀。何况别人是来投降的，只是想谈谈条件、讨价还价而已。

"山中贼"与"心中贼"

正德十三年（1518）的正月，就在祥符宫杀戮流民首领以后不久，王阳明率兵抵达龙南，准备对广东浰川"山贼"发动攻击。也就在龙南，王阳明写了一封信给他的两个弟子：杨骥和薛侃。

在这封信中，王阳明再次提到两个并列的概念，一个是"山中贼"，另一个是"心中贼"。王阳明说即日已抵龙南，明日入巢，四路兵皆已如期并进，"贼"有必破之势。信中写道，前些日子在横水时，曾经寄书给仕德（杨骥），说"破山中贼易，破心中贼难"，今天他还是这样看的："区区剪除鼠窃，何足为异？若诸贤扫荡心腹之寇，以收廓清平定之功，此诚大丈夫不世之伟绩。"

由于"山中贼""心中贼"两个概念是王阳明同时提出来的，所以，我们在很长时间里，都误以为所谓的"心中贼"只是在"山中贼"的心中。实际上，王阳明所说的"心中贼"，是在每一个人的心中，在他自己和他的弟子们的心中，在所有士大夫的心中，更在明朝的最高统治者心中。所以，破这个"心中贼"，才是最难的事情。随着"心中贼"的提出，王阳明思想的核心"致良知"也就呼之欲出了。用什么办法来避免和破除人们的"心中贼"呢？那就是"致良知"。

我们今天不断在说，王阳明的伟大之处在于没有把战争作为单纯的军事行为，他在赣南所进行的是一场对社会的综合治理。

所以，在平定江西、湖南、广东、福建交界地区的流民起事的过程中，王阳明不断地推出行政措施。王阳明在南赣巡抚任上平定的第一个地区，是福建的漳南。战事结束后，他立即在那里设置了一个平和县。我们现在福建漳州的平和县，就是王阳明在那个时候设置的。最早提出设置县治的，是当地的一些秀才，王阳明看到他们报告以后，立即向朝廷打报告，提出设置县治的重要性。

历史上所有的民众起事一般是两个结局，第一个是改朝换代；第二个是被压制下去，但是政府也必须让步。民众起事肯定是因为他们在生活上没有出路了，政府将他们压制下去以后一定要给民众生活上的出路，如果不给出路，他们还会继续闹腾。

王阳明设置县治，既便于官府的管理，也让归附官府的流民有安定的生活环境。王阳明"亲民"的理念在这里再一次体现出来。他上书朝廷时，反复陈述在福建漳州设置平和县治的重要性，并且特别提出：

> 臣观河头形势，实系两省贼寨咽喉。今象湖、可塘、大伞、箭灌诸巢虽已破荡，而遗孽残党，亦宁无有逃匿山谷者？旧因县治不立，征剿之后，浸复归据旧巢，乱乱相承，皆原于此。今诚于其地开设县治，正所谓抚其背而扼其喉，盗将不解自散，行且化为善良。

王阳明认为，设县安置，是个双赢的办法。闹事的民众有了稳定的生活，还可以向政府缴税；民众安定了，社会可以稳定，用我们现在的话说，官府也可以节省大量的"维稳"经费和精力。王阳明认为，如果不设县，不过年余，"遗孽"必将复起，过去的几番用兵，与此有极大关系。为了化"贼盗"为善良，为了除去"山中贼""心中贼"，设置县治，乃不二之途，这恰恰也是当时的明朝一个通常的解决办法。后来，王阳明在平定江西西南部之后，也在那里设立了崇义县；平定了浰头之后，又在那里设置了和平县。

在王阳明的"亲民"理念中，养育是第一位的，教化是第二位的。闹事民众安定下来了，有了生存的空间，解决了养育的问题，接下来才是教化问题。

王阳明在这里，撰写了他一生之中地方治理里头的第一部重要的文献，叫作《南赣乡约》，是制定并执行包括乡约、家规、族规之类的文献，是中国地方社会自治的非常重要的环节。厦门大学傅衣凌教授提出，中国历代的权力结构有两个系统，一个系统是政府的系统，从上而下；另一个系统是乡村自治、地方自治的系统，从下而上。如果只靠第一个系统，社会是无法得到保障的，它无法稳定，必须要有第二个系统，比如说宗族的力量，比如说邻里之间互相监督、互相制约的这种力量。

那么，《南赣乡约》有什么内容呢？

第一，建立"乡约"。每月推举出三位年高有道德、为众人所敬服的人，一人为"约长"，另外两人为"约副"，再推举公直果断的四人为"约正"，通达明察的四人为"约史"，精健廉干的四人为"约知"，熟悉礼仪的两人为"约赞"。这就是组织结构了。

第二，设立"文簿"。文簿有三册，一册书写"同约"，也就是一个家族或者一个村的居民姓名，及其每天的起居作息情况，这些都要登记。另外两册，分别记录乡民的善行和劣迹，也就是说，一册记好人好事，一册记坏人坏事。

第三，批评与表扬。每个月的农历十五，各约进行一次活动，将当地较为宽大的寺观作为"约所"，本约百姓在这里聚集。聚集之日，由约长带着百姓读乡约，要求百姓孝敬父母、尊重兄长，教训子弟、和睦乡里，死丧相助、患难相恤，善相劝勉、恶相告诫，讲究信誉、遵守法纪。然后由约史公布本月里面，有哪些人做了不应该做的事，这就是批评坏人坏事；有哪些人做了好事，这就是表扬好人好事。为恶者，要告诫他，不要再干了；为善者，要表扬他，希望做得更好。

大家听着，会觉得很烦琐。王阳明恰恰不怕烦琐，他认为这是认真。十家牌法烦琐吧？真烦琐，但认真执行，却有效果。

乡约的功能是教化，但也有实际行动。本约如果有人陷于危难，约长当会同本约之人帮助排危解难；如果有人逃避徭役或逃避赋税，约长也应该劝其如期服役，如期纳税。

明朝时期经济文化最发达之地是苏松江浙。但是，越是这些地方越容易出现有田不交税，有人不服役，专门偷税漏税的问题；相对来说，贫困地区反而不容易出现这些问题。

所以明太祖曾经命户部发布榜文，号召苏松江浙人民向河南人民学习，学习他们有田就交税，有丁就服役，不要让政府打击你。王阳明的乡约是，如果有人逃役逃税，约长应该劝他如期服役，如期纳税；乡邻之间发生争执，不得斗殴，应让约长秉公处置。但是，如果有人勾结"山贼"，约长应对本约之人进行劝告，使其改恶为善；如果不听劝告，即行执送到官，由官府进行处理。

乡约中专门列有"禁约"，明确指出哪些事情是乡民绝对不能做的。比如外地流民落户于本约的，以及被政府打击了以后，向政府投降的就地落户的那些民众，叫"新民"，原来的民众叫"土著"。"土著"和"新民"之间，不得再因过去的恩怨而相互寻仇。约长有责任防患于未然。再比如本地大户及过境商人，不得用高利贷来坑害乡民。如果有贫苦不能偿债者，约长应该劝放债者放宽时日，不得过于逼迫，致使贫民为盗。经常有人由于躲避借债而沦落为山贼，所以王阳明把这一点列入禁约。

乡约倡导办理父母的丧葬，应量力而行，不得铺张，如有不听劝告而挥霍浪费者，在本约纠过簿内记以"不孝"。在婚姻嫁娶方面，约长也要时时查视，不得因彩礼和嫁妆不足而延期。除了这些举措之外，还倡导兴办社学，推行教化。

乡约给了民众什么权利？凡有府州县吏员，也就是办事的衙役，以及义民、总甲、里老、百长、弓兵、机快人等，如果下乡骚扰百姓，索求财务，约长可率本约之民将其解送官府进行追究。当年明太祖也是这样规定的。明太祖朱元璋有三个"大诰"，其中多有这种案例，有一个案例很有意思：

某县的一个衙役，跑到乡村去，过年过节时对百姓敲诈勒索，被当地父老当场扭住，然后把他绑起来直接送南京，叫

"解送进京"。明太祖知道后极其高兴，对这些民众进行表彰，称赞他们是"义民"，同时告诫官府，没有朝廷的差遣，不得随意下乡，下乡就是扰民，就是敲诈勒索。他允许当地的父老将这些人解送到南京去，对这些人进行处理。王阳明也采取了类似的措施。我有时候想，如果真能够这样，地方治安不好都不行；但也有些担心，会不会弄得不可收拾？

这个时候王阳明的很多弟子来到了赣州，都成为社学、书院的老师。仅《阳明先生年谱》列出的有姓名的王门弟子，就有薛侃、欧阳德、梁焯和黄弘纲等26人，没有列姓名的还有刘阳、陈九川等。此外，还有外地到赣州来的一些学者，其中有一位叫舒芬，也许有朋友听说过。舒芬是江西进贤人，著名学者，正德十二年（1517）的状元，因为上书抨击皇帝而挨了廷杖，被贬谪到福建市舶司为副提举。王阳明当时正在赣州，听到了这件事以后，立即用南赣巡抚的军牌，往福建礼聘这位在北京受到廷杖的状元，来赣州讲学。

人们提及王门弟子，说"江有何黄，浙有钱王"。"江有何黄"指的是何廷仁、黄弘纲，"浙有钱王"指的是钱德洪、王畿。王阳明在赣州讲学，比在北京、滁州、南京以及之后的南昌要舒服得多。北京在天子脚下，一大帮人盯着；南昌有江西的巡按御史，以及镇守中官在那里看着；在南京、滁州，王阳明是闲官，可用的资源很少。在赣州就不一样了，王阳明权力大、地位高、资源多，又天高皇帝远。所以，当年的赣州成为巨大的讲学中心，王学的发展，也在这里走向鼎盛。

当时有弟子给王阳明编《传习录》，王阳明开始不同意，说他和弟子们谈学术，每次都是就事论事，就事说理。如果不是当面交流，有很多事就会走样。你现在把它集成文字，就变成放之四海而皆准的真理了，就有可能产生谬误。但弟子们继续编，王阳明大概也觉得口耳相传不如文本传诵，所以也默许了。弟子们编的《传习录》，由家境殷实的薛侃出资刻印，然后传遍全国各地。

就在王阳明对南赣进行综合治理，并且在公务之余与学生讲学术的时候，江西省城南昌，正在酝酿着一场大的变故，而这场大变故，便是由统治者的"心中贼"造成的。

平定宁王叛乱

当年明太祖的第4个儿子燕王朱棣之所以能够"靖难"成功，登上皇位，很大程度上是因为他拥有一支战斗力强悍的军队。这支军队本来是属于宁王朱权的，朱权是明太祖的第17个儿子，他的封地在现在的内蒙古宁城，当时叫"大宁"，手下拥兵8万，战车6000辆，所属的汉蒙骑兵骁勇善战。燕王朱棣起兵之后，去看望弟弟宁王，兄弟共同声讨建文帝削藩，残害朱氏骨肉。

燕王在大宁盘桓了7天，与宁王叙兄弟之情。临行之时，宁王给哥哥送行。没想到的是，在这7天里面，朱棣的随行人员不但买通了宁王的左右，并且在军队里头做了工作，军队也跟着一起来给燕王送行。宁王就在燕王的要挟之下，带着军队，来到了北平（今北京），军队成了燕王的军队。

宁王被迫上了贼船，帮助燕王起草各种檄文。燕王许诺，事成之后和他平分天下，这就是空头支票了。天无二日，民无二主，大明朝难道还可以有两个皇帝吗？朱权也知道不可能，但是他无论从政治经验还是从谋略等方面来说，都不如他的四哥。燕王夺取了天下，自然不愿意更不可能实现自己的诺言，于是和弟弟说，父亲的这块江山看样子还真不好分，给你一个安享晚年的地方，你想到哪里？弟弟说，我想到苏州。哥哥说苏州是不行的，苏州在"畿内"，当年又是张士诚的地盘，是奢靡之地，你看看我都要从六朝粉黛之地的南京搬到北平去，官员不能生活在条件优厚的地方，要到艰苦的地方去，所以你不能到苏州。弟弟说，苏州不能去，我去杭州。哥哥说上有天堂，下有苏杭，苏州不能去，难道杭州能去吗？那去哪里？去南昌。

几十年过去，宁王之位传到了朱宸濠手上，这是第四代宁王，皇帝则传到了朱厚照手上，传了7代。如果这位朱厚照有雄才大略，或者励精图治，再不济，能够老老实实的，不要那么荒唐，不那么胡闹，后来的事情可能不会发生。但恰恰朱厚照是个荒唐胡闹的皇帝，是个文艺青年，他最喜欢的是戏曲；而宁王朱宸濠则是一位自视甚高，也确实有点本事的藩王，于是就有想法了。

朱宸濠先是买通专权宦官刘瑾，恢复了天顺时期（1457—1464）被削去的王府护卫。但刘瑾死后，护卫又被削除。按明太祖时的规定，王府设有一到三个护卫，每个护卫5000余人，这些人既是王府的卫队，也可在朝廷发生奸臣乱政时起兵靖难。当年成祖起兵，护卫就是基本力量。朱宸濠要图大事，护卫自然是不能少的，所以他又买通吏部尚书陆完和武宗的亲信钱宁、臧贤等，恢复了护卫。

光有护卫还不够，朱宸濠还命人联络长期在鄱阳湖为盗的吴十三、凌十一等人，让他们招募渔民、樵夫中的亡命之徒，以及社会上的散兵游勇，以部伍法进行管理，作为预备力量。新建县（今新建区）的退休都御史李士实、安福县的举人刘养正，都是不甘于人下的读书人，他们被宁王朱宸濠网罗，为他出谋划策，帮助朱宸濠联络党羽，打击和排斥不肯依附的地方官员，又一场朱氏家族内部争夺皇位的斗争，在紧锣密鼓地策划之中。

经过10多年的筹划和酝酿，宁王觉得时机成熟了。

正德十四年（1519）的六月十三，是宁王的生日，在南昌的江西官员先后去王府贺寿。第二天，宁王府大摆宴席，回请前一天前来祝贺的江西官员。这天来到宁王府赴宴的官员，以镇守太监王宏、巡抚江西右副都御史孙燧为首，还有巡按御史王金，主事马思聪、金山，江西布政使梁宸、胡濂，参政王纶、刘斐、程杲，参议杨学礼、许效濂，江西按察使杨璋，副使唐锦、贺锐，佥事师夔、潘鹏、赖凤，江西都司都指挥及同知，佥事许清、马骥、白昂、郑文，等等，凡是中央派驻南昌的官员，以及在南昌的江西三司长官，都来宁王府赴宴，并且再次向寿星表示祝贺。

等众官员到齐，几百名带刀武士，以及鄱阳湖大盗吴十三、凌十一等人，封锁了所有通道，将众官员围在了正中。众官员不明就里，惊疑不定，却见朱宸濠满脸杀气，出现在众人面前。朱宸濠将官员们逐个注视了一遍之后，高声说道：当年宦官李广将民家儿子抱入皇宫，伪称是柏妃生了皇子。孝宗皇帝受其欺骗，将这个小孩立为太子，并继承了皇位。这个伪皇子就是当今的皇上，当今皇上就是个伪皇上。我太祖、太宗得不到亲生骨肉的祭祀，已经整整14年了。我奉太后密诏，起兵讨贼。顺我者昌，逆我者亡！

这一番话，惊得官员们目瞪口呆。巡抚江西右副都御史孙燧是王阳明的同科举人，他在任江西巡抚期间，曾经先后7次向朝廷密告宁王府的行迹，但每次送出的情报，都被宁王派出的逻哨截获。按察使司副使许逵胆略过人，多次劝孙燧先下手为强，解决宁王问题。但孙燧觉得宁王反状还不明显，证据还不充分，若是轻举妄动，这离间宗室、诬陷藩王的罪名也是不好承担的。有了这层顾虑，所以孙燧迟迟没有动手，没想到全省在南昌的官员都在今天被宁王一窝端了。

毕竟是一个省的最高军政长官，巡抚孙燧见众人被宁王说得呆若木鸡，跨上一步，大声喝道：我是巡抚，若太后有旨，我应该知道，你可将太后懿旨请出，让我过目。

朱宸濠早就担心孙燧、许逵会带头发难，如今孙燧果然首先跳了出来。朱宸濠并不意外，没有正面回答孙燧的提问，却厉声喝道：我日内就要往南京登极，你可做好扈驾准备？

孙燧也不吃这一套，厉声喝道：天无二日，民无二主。你放着藩王不做，却要谋反，是自寻死路，休想让我为你殉葬！说罢，他便向朱宸濠扑去。武士一拥而上，将孙燧按住。许逵见状，也从人群中冲了出来，要救护孙燧，同样被武士死死按住。

朱宸濠看了看拼命挣扎的孙燧、许逵，又看了看惊恐万状的众官员，嘿嘿冷笑：你们以为我不敢杀人吗？话音未落，许逵便大声高呼：你能杀我，天子就能杀你！你这反贼，将来必定碎尸万段、祸灭满门，你到时候后悔也来不及了！

朱宸濠大怒，喝令武士将孙燧、许逵拖出王府，杀于南昌惠民门外。吴十三、凌十一等人亲自动手，将众官员捆绑起来。布政使司参议黄宏、主事马思聪奋力抗争，力竭而死。其余的不敢再行反抗，跟着宁王府的谋士、护卫，一齐向朱宸濠称呼"万岁"。按察使杨璋本来是江西岭北道的兵备副使，因为随着王阳明东征西讨，战功卓著，升为按察使，因福得祸，这时因为性命攸关，接受了宁王的官职。接受"伪职"的还有布政使梁宸，参政王纶、季敩，金事师夔、潘鹏等。王纶更成了宁王的"兵部尚书"，地位仅在李士实、刘养正之下。

朱宸濠在南昌发难的时候，王阳明正乘坐官船北上，要往福建处置兵变事宜。

兵部的命令是六月初五到赣州的，王阳明六月初九就从赣州乘船，顺赣江而下。六月十五，船至丰城县（今丰城市）界黄土脑。丰城有位浙江宁波籍的吏员，向王阳明报知了宁王杀死孙燧、许逵，胁迫江西三司官员等事。接着，丰城知县又证实了这件事情，并说朱宸濠已经派人沿江而上，要截杀王阳明。

虽然有记载说王阳明对宁王的所作所为早有警觉，但猛然听说宁王已经杀了孙燧、许逵，还是不免大吃一惊。我们刚刚说过，王阳明这次往福建"戡平"兵变，属于公事，已经通告江西、福建二省和宁王府。宁王根据王阳明的行程，派人沿途截杀他，不是没有可能。王阳明立即下令掉转船头，想回赣州，摸清事态之后再做处置。但是，王阳明船行峡江，刚好遇上吉安知府伍文定前来接应的船队，于是他决定在吉安起兵。

大家可能要问，看来朱宸濠在南昌闹出的动静，江西官场已经传开了，那朝廷是什么态度？朝廷不知道。为什么？因为朝廷得到的是官方渠道的消息,这个时候的江西,巡抚、巡按御史、镇守中官,以及布政使司、按察使司、都司的官员被宁王一网打尽,谁向朝廷报告?大家说,不是还有知府、知县吗?在知县告诉了王阳明后,吉安知府来接应王阳明,仅此而已。他们不敢打报告吗?不敢。他们得到的,也都是非官方渠道的消息,真实情况到底怎样,谁也不知道。

所以,这里又得和诸位交流一个认识。民间渠道传播消息,远比官方更为快捷,当然,有时很准确,有时则是真假参半。犹如我们今天的自媒体,但自媒体只发布消息,并不对后果负责。

来到吉安后,王阳明将年轻时学来的计谋用上了;身边三教九流的人物,更为他提供了大量智慧。王阳明让参谋雷济等人连夜赶写南赣巡抚属下的南雄、南安、赣州等府调兵的报帖,并命人潜出城外,假装是该府的使者,每日报到吉安知府衙门,并通过间谍送到南昌及本省各府,一来动摇朱宸濠的军心,二来鼓舞吉安等府居民全力支援起兵平乱。

与此同时,王阳明和雷济、龙光等人商议,又写了一份假的迎接京军的文书。这份假文书的开头说:"提督军务都御史王,为机密军务事,准兵部咨该本部题奉圣旨。"然后便是借"圣旨"虚张声势:命许泰、邵永分领边军4万,从凤阳等处,陆路直扑南昌;命刘晖、桂勇分领京边官军4万,从徐州、淮安等处,水陆分袭南昌;命南赣、湖广、福建巡抚王守仁领兵2万，杨旦等领军8万，秦金等领兵6万，各从驻地分道并进，克期夹攻南昌。这样的虚张声势，目的也是扰乱朱宸濠的军心。因为王阳明担心朱宸濠或直袭北京，或径取南京，所以必须让他在南昌多耽搁一些时间。当然，王阳明做梦也没有想到，两个月后的明武宗朱厚照，不但调兵遣将夹击南昌，还御驾亲征，坐镇扬州、南京，但并非为宁王而来，而是为他王阳明而来。

宁王朱宸濠起兵，出谋划策的是李士实、刘养正等人，出力卖命的是吴十三、凌十一等人，必须让他们相互猜疑。所以，王阳明等人编造的假文书又说：李士实、刘养正等人被宁王胁迫，其心并不想背叛，故各有密书寄来；贼将吴十三、凌十一、闵廿四等人，因为被官府追捕，不得已才藏入宁王府，如今也想洗心革面，得到朝廷的宽赦，故各密差心腹来吉安，希望立功赎罪。可见宁王已是众叛亲离。

类似的假文书抄写了许多份，这些文书自然又有不少落入朱宸濠的手中，更增加了他的疑虑。

王阳明觉得这还不够，又与参谋龙光商议，伪造了一封回报李士实的信。信中说：老先生的亲笔信已经收到，足见老先生报国的本心，本职也才知道所谓老先生"从贼"之事，实属迫不得已。老先生虽然身在罗网之中，心却无时不在为朝廷出力。特别又说：信中所教的计策，也只有老先生能够思虑得到，望老先生严守机密，待机而发。不然，不但无益于国，恐怕老先生也要遭濠贼毒手。还要加上几句：昨天凌、闵诸将，已遣人密传消息，说是皆出于老先生及养正兄的开导。

同时，王阳明等人又给刘养正写了一封和给李士实同样内容的信。两信都被秘密送到南昌，也故意落入朱宸濠之手。朱宸濠半信半疑，而李士实、刘养正也相互猜疑。

大家说，王阳明的这些行为朱宸濠会相信吗？这个问得好。不但诸位会问，我也会问，当时的吉安知府伍文定等人也在问。但王阳明说，朱宸濠未必相信，但会犹豫，要的就是他的犹豫，要的就是他不敢出南昌。不出王阳明所料，宁王朱宸濠还没有出南昌，就被这些乱七八糟的假书信、假情报乱了方寸。等他醒悟过来，最好的时机已经错过了。

朱宸濠被王阳明拖在南昌半个月，既不见京军南下，也不见王阳明北上，知道上了当。不能再等了，所谓兵贵神速，而起兵作乱，更需要一鼓作气。正德十四年（1519）七月初一，朱宸濠留儿子宜春王朱拱橚、王府宦官万锐等人守南昌，自己带着八九万人，乘坐上千艘战船，浩浩荡荡顺赣江而下，出鄱阳湖，直扑安庆。

王阳明得知朱宸濠出了南昌，往安庆而去，立即传令，起兵北上，直扑南昌。七月十九深夜，伍文定带着先头部队抵达南昌广润门外。第二天黎明，开始攻城。城中守军借着滚木、灰瓶、火器、石块、毒弩，拼死抵抗。王阳明亲自来到广润门外，申明军纪，诸将必须听鼓声而进。一鼓附城，二鼓登城，三鼓不克斩其伍长，四鼓不克斩其将。同时，王阳明又将早已写好的招降书，让人用弓箭射入城内，以涣散守军斗志。

随着急促的鼓号声，各路将领身先士卒，冒着箭雨，架起了云梯。士兵们在将领的督促下，前仆后继，一鼓作气登上城墙。守军早已斗志涣散，一哄而散。到这天上午，整个南昌城便被占领。朱宸濠留下守卫南昌的宜春王朱拱樤及宦官万锐成了俘虏，朱宸濠的宫眷在王府纵火自焚。霎时间，宁王府便被熊熊大火吞没，周围的民居也被烧了不少。王阳明火速下令分道救火，安抚居民。

意想不到的事情还是发生了。这支被王阳明称为"义师"的部队，本来就是临时招募的乌合之众，也有不少是流落江湖的亡命之徒，一到南昌繁华之地，杀人抢劫也就在所难免。王阳明闻报大惊，深悔自己在下达攻城命令时只强调了"奋勇当先"，却忽略了"秋毫无犯"。因为他用兵南赣以来，还没有发生过这类事情。禁止杀掠的号令虽然下达了，但杀掠之事仍在发生。王阳明命卫队立即出动，将违令者斩了10多人，这才制止了混乱局面。

此时，朱宸濠正在指挥军队运土填壕，准备强攻安庆。突然有探子来报，说是王阳明带着一帮文官，领兵到了樟树，并在樟树誓师，向南昌进发。朱宸濠闻报大惊，他担心的就是这个王阳明。如果王阳明真的到了南昌，南昌就难保了。朱宸濠下令，从安庆解围，回师江西。李士实、刘养正一听，这不是胡闹吗？如果王阳明已经兵发南昌，救援还来得及吗？有人建议，弃攻安庆，直取南京。历史没有如果，但历史研究可以有如果，如果真的直取南京，后果会怎样，还真不好说。但凭朱宸濠的表现，是成不了大事的，因为他在留恋南昌这个老巢，留恋留在南昌的财富。

王阳明夺取南昌之后，得知朱宸濠回军，十分高兴。为什么高兴？听说朱宸濠起兵时，有人给他提供了上、中、下三策。上策是直取北京，就像当年燕王直取南京一样；中策是迅速夺取南京，分庭抗礼；下策是以南昌为中心，占据周边，划地为王。朱宸濠觉得上策难行，下策不甘，于是采用中策，但被王阳明用计谋拖延了半个月。现在朱宸濠弃安庆不攻，弃南京不取，欲回南昌，这就连下策都不是了，是自寻死路。

两军在鄱阳湖打仗，开始时王阳明的军队节节败退，后来则是因势利导，诱敌深入。王阳明的水军从鄱阳湖退入赣江，由赣江口的吴城退到离南昌以北大概20公里的地方，这里港汊众多，主力全埋伏在各个港汊之中，只等宁王船队到来，伍文定指挥伏兵，冲出大大小小的港汊，将宁王的船队冲得七零八落。伍文定亲自带着几只战船，冲向朱宸濠的"龙舟"。一声令下，火炮齐发，朱宸濠的"龙舟"顿时陷入大火之中。王阳明催动船队，奋力冲击，被杀、被俘的宁王军士有2000多人，落水溺死的不计其数。

七月二十六，对于朱宸濠来说，这是最后的日子。这天天刚亮，朱宸濠正要下令进军，忽听得周围船只一片喧哗。朱宸濠正要命人前去查问，值班武士已经手持一块木板进了"朝堂"。

木板的正面用油漆赫然写着三个字：免死牌。再看反面，写着一行小字：宸濠叛逆，罪不容诛；胁从人等，有手持此板、弃暗投明者，既往不咎。朱宸濠一看此牌，口中不住嘟囔：好个王守仁，以我家事，何劳费心如此！我朱家自己争夺皇位，你王守仁何苦费尽心机，将我逼上绝路！

朱宸濠失神地向窗外看去，只见船外的江面上，尽是木板、竹板，军士们弃刀丢枪，手持木板、竹板，呼朋唤友。见此情状，朱宸濠连声长叹：大势已去，大势已去！

王阳明从七月十五在樟树誓师，起兵平乱，到七月二十六活捉朱宸濠，前后历经12天。宁王朱宸濠10多年的筹划，成为泡影。

据记载，宁王的王妃娄氏曾经不断劝说朱宸濠，让他不要心存幻想，不要和朝廷作对，但宁王不听。兵败之后，娄氏投湖自杀。朱宸濠后来叹息：当年商纣王因听妇人言而亡国，我因为不听妇人言也亡国。女人不一定是头发长，见识短，有很多巾帼英雄，头发既长，见识更长，倒是许多须眉男子，是鼠目寸光。

江西的战事已经结束，局势也逐渐平静下来，北京却是热闹非凡。

总督军务威武大将军总兵官太师镇国公朱寿

这些年来，正德皇帝朱厚照越来越感到长年住在皇宫的乏味，在边将江彬、许泰等人的唆使下，他今日往宣府巡边，明日往大同阅兵；今日在山西闹市寻花问柳，明日在陕西原野赛马逐兔。正德十二年（1517）十月，也就是王阳明用兵横水、桶冈的时候，朱厚照驻跸顺圣川，遇到蒙古小王子进犯阳和，他便亲自指挥军队和蒙古人在应州打了一仗。据《武宗实录》载，这一仗打下来，杀死的敌人就16个，其中有一个说是被皇帝亲自格杀，回到北京之后，受到嘉奖的将士有将近1万人。

这件事情常常令朱厚照兴奋不已。多少年来，蒙古人总是在边境侵扰，守边将士却很少敢于主动出击。他朱厚照以九五之尊，冲锋陷阵，不但击退了蒙古人的大部队，还亲手杀了一个蒙古武士，让那些天天要求自己待在紫禁城的文官武将看看，大明开国以来，除了太祖高皇帝、太宗文皇帝，可曾有过如此英勇杀敌的天子？而且从北京到山西太原，再由山西太原到陕西榆林，然后回师北京，往返好几千里，自己和将士们一样，骑快马、负重铠，顶风冒雪，从来不坐辇车，许多随行人员都病了，可自己却是越来越精神。躲在北京只会叨咕"祖宗法度、圣贤道理"的大学士们，你们可敢随我在万里边塞走上一趟？

正德十三年（1518）七月，负责传达"圣旨"的司礼监太监向负责起草皇帝诏令的内阁大学士们下达了一道皇帝的旨意，让他们起草一份诏书，命"总督军务威武大将军总兵官朱寿"统领三军巡边。这个官名、爵号、姓名，大学士们从来没有听说过，但他们可以肯定的是，这是皇帝新的恶作剧。

大学士蒋冕正在家中养病，听说了这件事，又是好笑又是好气，他给皇帝上了一道奏疏，疏中说，陛下是天地神人、万事万物之主，称天即为天，称日即为日，谁敢称陛下为"威武大将军"？陛下的名字是先皇帝取的，谁敢任意更换？谁敢直呼其名？因上述各项原因，所以内阁是不能遵旨的。

不知道朱厚照是否看了蒋冕的奏疏，反正疏上了之后没有回音。刚过两个月，"圣旨"又到内阁，仍是原先那件事，另外还加了一句："岁支禄米五千石。"皇帝自己给自己定俸禄，这不仅是大明开国以来，就是在整个中国历史上也是第一次，所幸这俸禄定得不是太高，不致使户部官员过于为难。

正德十四年（1519）初，不知是皇帝的兴趣发生了转移，还是受身边那些亲信宦官及边将的挑唆，反正宫中传来消息，说皇帝在春暖花开之时要巡视江南。如果这个消息属实，可不是闹着玩的。山西、陕西地处边陲，人口较少，经济也落后，皇帝再折腾，也不影响国家的大局。这江南可是国家的财赋重地，一旦闹起来，就难以收拾。特别是南京、扬州、苏州，不仅经济文化发达，而且青楼花巷遍布，名妓名伶辈出，皇帝正值盛年，又喜欢词曲弹唱，他这一去，还不和当年隋炀帝下江南相似，国家岂不断送？

内阁首辅杨廷和是文官的首脑，在当时也是唯一可能扭转乾坤的人物。他得知皇帝想南巡的消息后，做了一次试探，将皇帝北巡时发给内阁的"居守敕"上缴，意思是说，如今皇帝已经回来了，可亲自处理国家大事，用不着委托内阁"居守"。但皇帝却将这个"居守敕"又发了下来，说是以后还要经常出巡，"居守敕"就不用上缴了。这道旨意一下，杨廷和确信无疑，皇帝真是有南巡的想法。

杨廷和与内阁同僚们商议，认为皇帝南巡关系到国家的安危，必须设法制止，于是联名上了一道奏疏。奏疏不敢说青楼花巷、名妓名伶等事。为什么不敢说？因为说了更容易引起皇帝的兴致。所以奏疏只是说，江南是国家财赋所出之地，近年一直遭受水灾，加上徭役繁重，民不聊生，供不起大军经过的费用。另外，运河最近时常断流，一般漕船尚且难以通过，更何况龙舟巨舰，一旦搁浅，路上发生意外，如何处置？

紧接着，六部及其他政府机关的官员，以及六科十三道的给事中、御史，也纷纷上疏，请求皇帝放弃南巡，但皇帝统统不予理睬。一些年轻气盛的言官被皇帝的这种态度激怒了，他们成群结队地来到皇城左顺门外，从辰时一直跪到申时，这在当时叫"伏阙"，其实就是请愿。皇帝仍是不理不睬。皇帝的这种态度激怒了更多的官员，也鼓励了更多的官员，忠不忠于国家，往往就在这种时候表现出来。于是吏部郎中张衍等14人、刑部郎中陆俸等53人、礼部郎中姜龙等16人、兵部郎中孙凤等16人，以及翰林院的史官、各衙门的属官，包括王阳明的弟子太常博士陈九川、日后被王阳明聘请为濂溪书院主席的翰林院修撰舒芬等人，一共几百名官员，同一天分头上疏，众口一词：皇帝不能南巡。

臣子有臣子的原则，君主也有君主的脾气。正德皇帝朱厚照打算对文官们的上疏不予理睬，但经不住身边亲信们的煽动，不由得动怒了，"是啊，我是皇上，天下人都是仆人，哪有主人的行动受仆人干预的！"朱厚照一声令下，107个言辞激烈的中下级官员统统到午门外罚跪，你们不是喜欢"伏阙"吗？一天不够，连跪5天！这就是斗气了。

这107个官员每天清晨便戴着枷锁从家中步行来到午门，傍晚再戴着枷锁步行回家，成为那个时候北京街头的一大奇观。其实，朱厚照的性格中更多的是喜欢恶作剧，他在等着这些官员承认错误，等着他们向自己求饶。但是，几天过去，这些官员里面，没有一个求饶的。朱厚照觉得自尊心受到了挑战，觉得自己没面子。到了第5天，也就是官员们罚跪的最后一天，朱厚照下令，这107个官员，每人再领廷杖30。打完之后，朱厚照又将领头的舒芬等4人贬谪出京，其余103人停发6个月的俸禄。舒芬当时被打得昏死过去，并与其他人一道，直接被拖进诏狱。但是，一得到贬往福建市舶司的公文，他立即裹创就道，一时传为美谈。舒芬一到福建，王阳明的钧牌就到了，请他去赣州主持书院。

诸位想想，这也只有在王阳明的时代，也就是明朝进入到多元化社会的时代才可能发生。在太祖、太宗时代，乃至宣宗及英宗的正统时代，你试试看？

这次廷杖官员的事情发生在正德十四年（1519）三月二十五。10天之后，四月初五，朱厚照觉得这口气好像还没出够，却听江彬等人说，那些受了杖伤、关在锦衣卫大狱中的官员，仍在商议，如何劝阻皇帝南巡。朱厚照一怒之下，又令将陈九川等39人从狱中拖出，在午门外行刑，各打40或50廷杖。霎时间，午门再次变成了刑场。监刑的司礼监太监一声令下，锦衣卫校尉齐声呼喝，将受刑的39名官员拖翻在地，举杖便打。这一次由于有江彬等人的吩咐，所用刑杖更重。校尉们的呼喝声、官员们的惨叫声，响彻云霄，也令朱厚照一阵心惊。事后太监回报，说是39人中，有8人当场死于杖下。后又有3人死，共11人因廷杖而死。

听到这些，皇帝朱厚照心中不免也是一阵内疚。这些人自己一个也不认识，他们十年寒窗，几度进考场，好不容易弄了个一官半职，本指望光宗耀祖，可如今却命丧黄泉，他们为何与自己作对？对他们有何好处？朱厚照想不通，但一个英雄惜英雄的奇怪念头，却在脑中闪过——不管怎么说，原来文官中也有不怕死的，好汉子！朱厚照决定到此收场，暂时放下了南巡的打算。

来自北京的考验

但是，过了不久，宁王朱宸濠作乱的消息传来，重新挑起了朱厚照南下的兴致。朱宸濠在哪里反？在江西，在南昌。南昌在哪里？南昌就在当年太祖皇帝剿灭陈友谅的鄱阳湖附近。而且，鄱阳湖大战就是由陈友谅攻打南昌开始的。那么，朱宸濠起兵，必定也要乘大船进入鄱阳湖。谁说梦想不能成真？这一次真可以圆大战鄱阳湖的梦了。常年跟随朱厚照的边军、京军将领们也个个摩拳擦掌，立功的时刻到了。说实话，和蒙古人打仗，还真是太危险，那是拎着脑袋玩命；但平定叛藩，却是如猫戏鼠，到时候按首级受赏，人人都能加官晋爵，这可是千载难逢的机会，朱宸濠啊朱宸濠，真得好好谢谢你。

一面是皇帝童心又起，要尝尝打大仗、平定藩王叛乱的滋味，一面是将领们的不断唆使，加上本来就想去江南走走，于是，皇帝朱厚照决定御驾亲征。他让司礼监传旨：宸濠谋反，上逆天道，下悖祖宗，着令"总督军务威武大将军总兵官太师镇国公朱寿"统领各镇军马，前往征剿，命安边伯朱泰为威武副将军、前部先锋。着命内阁，按这个意思拟旨。

听着这道旨意，大学士们又是一阵苦笑，不管是多么严重的事情，让这位皇帝一搅和，便成了儿戏。而且还多了一位"威武副将军朱泰"。朱泰何许人也？朱泰便是许泰，因为朱厚照认了许泰做干儿子，赐姓朱，所以，许泰也就成了朱泰。

当年，宣宗皇帝曾经御驾亲征，平定汉王朱高煦的叛乱。所以，皇帝亲征平叛，在明朝是有先例的，大学士们想阻拦也阻拦不住，只得在咬文嚼字上下功夫，说皇上亲征，是奉行天讨，谁敢差遣？又有谁敢称"威武大将军"？而且，听说朱宸濠叛乱，传檄各地，就是以皇上"失政"为借口。这个"总督军务威武大将军总兵官太师镇国公朱寿"，不正是给朱宸濠提供借口，给他"递刀子"吗？

内阁拒不拟旨，朱厚照也不在乎，他将内阁一分为二，命杨廷和、毛纪居守北京，自己带着另外两个大学士梁储、蒋冕，以许泰为副将军，太监张永、张忠为提督军务，点起京军、边军数万人，浩浩荡荡离开北京，杀奔江南而来。

但是，事情的发展令皇帝朱厚照和他的亲信们大为沮丧。皇帝是八月二十二离开北京的，第二天即二十三，王阳明的报捷文书就到了北京。大学士杨廷和尽管和兵部尚书、王阳明的举主王琼有矛盾，但杨廷和是顾全大局的，见到王阳明的报捷书，十分高兴，及时平定叛乱，国家避免了一次危机，百姓减轻了许多苦难。同时，有了王阳明的报捷书，便有劝皇帝回师北京的理由。杨廷和命人骑快马追赶皇帝，将报捷文书送到皇帝所在的涿州，请求皇帝立即返回北京，既然叛乱已经平定，就没有必要再带着几万人南下了。随驾来到涿州的大学士梁储、蒋冕，也力劝皇帝回师。

王阳明的捷报、杨廷和的请求，令一心想在鄱阳湖上展示雄才大略的朱厚照和迫切想立战功的将领们大为扫兴。这王阳明真是多管闲事，你是南赣巡抚，就应该待在赣州；朝廷让你去福建处理兵变，从赣州往汀、漳，再去福州，道路要近得多，何必兜个圈子跑到丰城去？

我曾经不断和朋友交流一个感受：许多事情的判断，其实是"立场决定观点""立场选择信息"。由于朱厚照对王阳明恼火，所以各种对王阳明不利的信息就冒出来了。有人说王阳明早与朱宸濠有勾结，朱宸濠的谋士刘养正就和王阳明关系密切，刘养正到过赣州，王阳明的弟子冀元亨也去过南昌，这显然是互通情报的。有人分析，朱宸濠的生日在六月十三，王阳明六月十五到丰城，如果不是去给朱宸濠拜寿，时间哪会有如此巧合？而且，如果不是相互之间有默契，朱宸濠敢放着王阳明在吉安倾巢而出攻打安庆，让王阳明捡便宜吗？又有人说，王阳明本就和朱宸濠是一伙的，后来知道朱宸濠成不了事，所以从背后捅了朱宸濠一刀。

所有这些因为"立场"而选择的疑问加在一起，构成了一种推测：王阳明本来就参与了朱宸濠叛乱的阴谋，只是看到形势不利，才从背后向朱宸濠插一刀，成了平叛的英雄。这个思路既然形成，朱厚照继续南下又成了必要，不过不是去平"宸濠之乱"，而是去追查王阳明与朱宸濠的勾结。

当然，人人心里又都明白，这种由"立场"而选择的信息，由这种选择性的信息产生的猜测，终归是猜测，根本说不上是判断，而是朱厚照为了继续南下寻找的理由，却不可能是事实。所以，继续南下的真正目的，对朱厚照来说，是实现他本来就有过的到江南玩玩看看的愿望；而就太监和边将们来说，却是为了和王阳明抢功，到江南来发财。当然，如果真的能够找到王阳明和宁王勾结的证据，那更是天大的功劳。到时，你王阳明也别叫冤，谁让你坏了别人的好事？天下有这样的事吗？但这样的事还真有人昧着良心去干。

危疑之际，神明愈定

几乎所有研究王阳明的学者，对明武宗南下的这件事都不怎么重视，但我认为这可以说是王阳明有生以来面临的最大的危机，其潜在风险绝不亚于正德元年（1506）王阳明因上书言事而受廷杖、下诏狱。

正德皇帝下江南，先是驻跸扬州。扬州在当年是"花都"，青楼众多。朱厚照在这里当然很开心，但正事还是要做的。第一，命提督军务太监张永率禁军2000人，进驻杭州，对南昌形成压制；第二，命另外一位提督军务太监张忠和安边伯许泰一道，率领数千禁军，直趋南昌。他们来南昌，是要接管宁王朱宸濠的势力，索取被王阳明侵占的传说中宁王府的无数珍宝财物，还要搜寻王阳明"通濠"的证据。

皇帝这里的动静，令王阳明的一位朋友、南京兵部尚书乔宇十分担心，命人急速通报了王阳明。这就是人脉关系的重要性了。王阳明知道了这些动静，也是忧心忡忡。从大处说，数万边军、京军抵达江南，无论是对南京、对南昌，还是对杭州，都是极大的骚扰，可能造成比宁王叛乱更大的社会动荡，如何才能尽快消弭这场灾难？张忠、许泰率军到南昌，目的是发财，如何既满足这些人的私欲，又把江西民众的损失降到最低？特别是，宁王朱宸濠是条死狗，即使放了也起不了风浪，但如果落入张忠、许泰之手，在他们的威逼、诱使之下，胡乱咬人，把他们对自己的猜测弄成"铁证"，那就真是灭族之祸了，该如何应对？

《明史·王守仁传》对王阳明有一句评价："当危疑之际，神明愈定，智虑无遗。"说王阳明这个人，越是危难之际，越是迷茫的时候，越是气定神闲，越是心有定见；越是别人不知道该怎么办的时候，他越是能够找到问题的症结并做出应对。经过王阳明翻来覆去的琢磨，或许也经过和幕僚们的商议，要害找到了，王阳明本人的安危，就是国家的安危；而王阳明本人的安然，又系于两人，一个是宁王朱宸濠，就在自己的手中；还有一个，是自己没见过，也几乎见不到的正德皇帝朱厚照。

怎么办？王阳明决定赌一把，赌一个人。赌谁？赌领兵到杭州的提督军务太监张永。

张永是北直隶保定府新城县（今高碑店市）人，因家中贫穷，小的时候父母托人将其送入宫中，做了小宦官。张永从小喜欢舞枪弄棒、摔跤角力，成了朱厚照做太子期间的亲信宦官，等到朱厚照做了皇帝，张永成了被文官们抨击的"八虎"之一。虽然这样，但张永为人却比较正直，看不惯刘瑾的作威作福，于是和刘瑾有了矛盾。刘瑾见张永不听自己的使唤，就在朱厚照面前说他的坏话，要将张永贬黜到南京去做"净军"。张永听到消息，立即面见朱厚照，说刘瑾诬陷自己。

朱厚照也好玩，命人将刘瑾找来，让二人当面对质。一见刘瑾，张永怒从中起，抢拳便打。张永是御马监的宦官，刘瑾是钟鼓司的宦官，论打架，出身钟鼓司的刘瑾，绝不是出身于御马监张永的对手，被张永追得团团转。朱厚照看得有趣，连呼带叫，最后谁也不追究，让二人喝酒，以消除他们之间的矛盾，但二人的矛盾却更加深了。此后，张永提督过京军的神机营，又多次督军宣府、大同、延绥，抵御蒙古，在"八虎"之中，以知晓兵事著称。

正德五年（1510），在甘肃的安化王朱寘鐇叛乱，张永和都察院右都御史杨一清统领京军前去平叛。虽然大军刚到宁夏，叛乱就已经平定，但张永对招抚余党却是有功的。回师北京后，张永就按照杨一清在途中制订的计划，说服正德皇帝诛杀了刘瑾，获得外廷文官一片喝彩声。

正是基于对张永的这些了解，王阳明赌张永会帮助自己。于是，王阳明押送着宁王朱宸濠，直趋杭州。结果，王阳明真赌赢了。张永也敬重王阳明，特别佩服他一年平乱、一月平叛，所以，他不但收下了宁王朱宸濠，还去了扬州，当面向皇帝陈述王阳明的功业，澄清别人对王阳明的诬陷。王阳明做事从来都求万全，虽然张永让他在杭州等自己的消息，王阳明却跑到扬州对面的镇江，拜访退休的杨一清，请教老谋深算的杨一清，自己该怎么办。这次人又找对了，杨一清告诉王阳明，张永已经和他说了王阳明的事情，要相信张永在皇帝面前的力量，并且让王阳明立即返回南昌，一刻不要停留，回去应对张忠、许泰，否则，如果他们在南昌闹出事来，他怎么办？杨一清的一番话提醒了王阳明，王阳明立即从镇江返回南昌。人还在路上，朝廷的任命就下来了，以王阳明为江西巡抚。正如杨一清所说，张永的力量是强大的。

诸位说，这也很轻松啊，不就是赌了个张永，请张永帮忙吗？不就是找了杨一清，向杨一清请教吗？但是，说起来容易，做起来极难。换其他任何一个人，都会在南昌等待张忠、许泰的到来，因为皇帝的诏令是让王阳明在南昌等候，并且将宁王交给张忠。在这种情况下，谁敢把宁王转移走？只有王阳明。如果要转移宁王，转移到哪里？换其他任何一个人，敢把身家性命押在张永身上吗？即使想到张永，敢赌张永，张永会见你吗？几乎百分之百见不到。但为何张永既见了王阳明，又帮助王阳明？因为他是王阳明，而不是其他人。其他人能在一年之内平乱、在一月之内平叛吗？

其实，王阳明即使转化了危机，但应对张忠、许泰及几千禁军，也绝非易事，其中有无数的手段。

一年之后，先在扬州，又到南京的皇帝终于回北京了，张忠、许泰也终于率军离开南昌了。但是，皇帝离开南京之前，张永让人带来口信，王阳明得做一件事情——重上告捷文书。在告捷文书中，王阳明要务必顺着皇帝的性子，称其为"威武大将军"，要将平定朱宸濠归功于皇帝的"妙算"，否则，皇帝没面子，以什么理由回北京？

王阳明感激张永的关照，但要重上这样一道告捷疏，却觉得有些为难。平定"宸濠之乱"已经一年了，此时再上告捷疏，岂不荒唐？而且，皇帝自己封自己为"威武大将军"，任命自己为"镇国公总兵官"，已在朝野上下引起轩然大波。如果自己顺着皇帝的性子，称他为"威武大将军""镇国公总兵官"，将如何面对舆论？但是，为了给行事荒唐却又极爱面子的皇帝一个面子，让他早日离开南京，回到北京，以免节外生枝，王阳明决定，不计较舆论可能对自己的指责，重上告捷疏。仍然是那句老话，成大事者，不拘小节，不恤人言。

正德十五年（1520）七月十七，也就是在平定"宸濠之乱"整整一年后写的《重上江西捷音疏》中，王阳明将原先谎称的"奉旨起兵"，统统说是实有其事；同时，将实际上已是马后炮的皇帝旨意，说成是在朱宸濠起事之前就已经下达的命令。所以，这次平定"宸濠之乱"，完全是按照皇帝的旨意行事的，应该归功于皇帝。但是，王阳明在疏中还不能称皇帝为皇帝，而要按皇帝的意思写成"总督军务威武大将军总兵官后军都督府太师镇国公"。光是稳住皇帝还不够，还有皇帝身边的一帮亲信，一个也不能遗漏。

皇帝看了这个《重上江西捷音疏》，非常高兴，他不但师出有名，而且运筹帷幄，决胜千里：在朱宸濠反状不明时，已经安排了一个王守仁在江西；在朱宸濠叛乱之后，又在不动声色之间，让王守仁将朱宸濠收拾掉。当年太祖皇帝收拾陈友谅，尚要亲冒矢石；宣宗皇帝平定汉王朱高煦，也要亲临乐安州。今日，正德皇帝平定叛藩朱宸濠，只需发布几条敕令，安排个把官员，事情就办好了。至于"总督军务威武大将军总兵官后军都督府太师镇国公"亲领大军南下，那更是神来之笔，自古以来，有哪个皇帝想得出来？

正德皇帝结束了为时一年零一个月的南巡，在龙江码头乘船离开了南京，返回北京。皇帝是风光了，不管是真是假，他算是实现了自己擒获朱宸濠的愿望。王阳明却因为上了那道违心却又顾全大局的奏疏，特别是在奏疏中顺着皇帝的性子，称其为"总督军务威武大将军总兵官后军都督府太师镇国公"，在身前及死后，都受到许多恪守"祖宗法度"的正统派官员的谴责。

但是，王阳明办事就是上手段、不按常规出牌的，为了社会安定、国家安定，为了使民众远离战争的荼毒，他可以做一些违心的事情。这也是很多士大夫为自己办不成事寻找的理由：自己不是办不成事，而是不屑像王阳明那么办事。但实际上，你试试看，你是办不成的。所以，人与人之间的差距非常大。我们虽然说"三个臭皮匠，赛过诸葛亮"，但是我们另外还有一句话，叫"三军易得，一将难求"。我们又有一句话，"一人兴邦，一人丧邦"。一个人的作用，可能使一个国家强大起来；一个人的作用，也可能使国家衰亡。

嘉靖时期（1522—1566）的刑部尚书郑晓，曾回顾此事。宁王叛乱时，他正在杭州参加科考，当时江西及邻近各处都有告急文书发到杭州，但这些文书或说江西省城有变，或说江西省城十分危急，或说江西巡抚被害，或说江西忽然聚集兵马船只，但都不敢明说宁王谋反。只有王阳明的传报，明言江西宁王谋反叛乱，钦奉密旨，会兵征讨。

各路羽书不敢明言宁王谋反，一是情况不明，未敢贸然断言，徒取奇祸；二是当时朝纲紊乱，宁王谋事已非一日，同党甚多，万一成为燕王第二，岂不断了退路？王阳明敢于明言宁王谋反，已是冒天下之大不韪，何况宣称"钦奉密旨，会兵征讨"，完全不给自己留回旋余地。所以郑晓认为，此举实是"不顾九族祸"，比起那些命下色变的将领，其气势与义无反顾，自不可同日而语。

一生精神皆在"致良知"

在应对完皇帝及其佞幸之后，王阳明开始在南昌、庐山、吉安、赣州等地巡视，在南昌的巡抚衙门，在庐山的白鹿洞书院，在吉安的青原山，在赣州的濂溪书院及通天岩讲学，与官员、弟子、普通民众进行交流，一个呼之欲出的理念迸发出来。王阳明用两个字进行表述，叫"良知"。

对于这两个字的揭示，王阳明极其振奋：

> 吾"良知"二字，自龙场以后，便已不出此意，只是点此二字不出。于学者言，费却多少辞说。今幸见出此意，一语之下，洞见全体，真是痛快，不觉手舞足蹈。学者闻之，亦省却多少寻讨功夫。

如果说"龙场悟道"是王阳明悟出了通向圣人之道的道路，应该如何去走、如何去寻找，那么"良知"二字，就是王阳明已经寻找到了圣人之道。原来圣人之道皆在于此，所以他在龙场以后就离不开这两个字，天天在说，但是就没有点出这两个字，跟别人谈的时候空费很多口舌，说来说去还是要转到这两个字上来。这两个字一点出，他便觉得极其振奋。

有学者指出，王阳明在南京写给学生的信里，已经说到"良知"，所以得出结论，说王阳明对"良知"的揭示，应该是在南京。但我得和诸位交流，如此看"良知"便是错。

为什么这样说呢？当我们说到一个概念，或者一个发现或发明时，要看它是有意识的还是无意识的，要看发明者对这个概念、对这个发现，是否给予了重视，是否以此为契机，揭示出更有意义的概念，推进更重要的发现。

毫无疑问，王阳明在南京给学生写信时提及"良知"时，完全属于一种"无意识"，如同说"良心"一样。但此时在江西说到"良知"，王阳明却如此激动，这就不仅仅是有意识，而是长期实践、长期思考后的"顿悟"。犹如"龙场悟道"，同样是长期思考的"顿悟"，都是王阳明长期思考、长期实践，特别是不断遭受磨难之后的阶段性成果。

王阳明在正德十二年（1517）正月到江西，平定四省边境的流民，在当地推行《南赣乡约》，到平定宁王朱宸濠的叛乱，应对从北京来的皇帝，以及随行而来的宦官和边军、京军将领。在这些磨难之中，王阳明越来越体悟到人心深处的这种"心中贼"，认为这一切都是由"心中贼"造成的。如何破除这个"心中贼"？王阳明认为必须用"良知"二字。正是因为有如此的体悟，王阳明才对学生说："某于'良知'之说，从百死千难中得来，非是容易见得到此。"

王阳明的学说是读书读来的，更是从磨难中实践而来的。如果没有这些磨难，得不出这个结论。正如王阳明的前辈学者，也是和王阳明一同被送入孔庙的胡居仁所说："穷理非一端，所得非一处，或在读书上得之，或在讲论上得之，或在思虑上得之，或在行事上得之。读书得之虽多，讲论得之尤速，思虑得之最深，行事得之最实。"行事过程中得到的理念，才是最踏实的、最靠得住的，最有自己的感受。

诸位请注意，"良知"二字，并非王阳明的首创，而是出自《孟子·尽心上》。孟子说："人之所不学而能者，其良能也；所不虑而知者，其良知也。"孟子在这里提出了两个并列的概念：良能和良知。"良能"是人与生俱来的能力，"良知"则是人与生俱来的感知。

孟子认为，恻隐之心，人皆有之；羞恶之心，人皆有之；辞让之心，人皆有之；是非之心，人皆有之。这些本来就不需要学，不需要想，但是在物欲横流的社会中，人们的恻隐之心、羞恶之心、辞让之心、是非之心，用王阳明的话说，常常被"心中贼"泯灭，被我们各种各样的私欲泯灭。

所以王阳明说，他的贡献不仅仅是揭示了"良知"二字，更主要的是在"良知"前面加了一个"致"字。钱德洪等弟子编《阳明先生年谱》时，不是说王阳明始揭"良知"，而是说始揭"致良知"。只有"良知"不够，"良知"是与生俱来的，必须"致良知"，把你的良知发掘出来，才能按良知来办事，才能按你的道德底线来办事，这才是王阳明一生的精神。

王阳明揭示出来的是"致良知"，比"良知"只多了一个字，但这个字恰恰是王阳明一生所倡导的。王阳明的学说是一种实践的学说，王阳明所重视的是实践，所有的真理，所有的表态，所有的愿望，都看你是不是落在行为上，都看你是怎么做的。

说到这里，我想起《追虎擒龙》中有一句画外音很有意思，大意是：不是希望带来坚持，而是坚持带来希望。也就是说，如果没有行动，希望只是空想，只有付诸行动并坚持下去，才能看到希望。

人性本善，所以人知本良，只是由于人们生活在混混沌沌的世界上，本来的善性和良知都被掩盖了、泯灭了。圣人之学，就是要帮助人们恢复被掩盖、被泯灭的善性和良知。

自从将"致良知"三个字揭示出来以后，王阳明便将其视为自己一生学术的结晶。晚年在前往广西的路上，王阳明在给自己的养子王正宪的信上就明确指出："吾平生讲学，只是'致良知'三字。"

王阳明曾经和弟子们说，他在龙场的时候就提出过"知行合一"这4个字，并且和从中原地区逃到贵州去的亡命之徒、当地少数民族首领及民众交流，得到了他们的认同。但是，当他回到中原，比如在庐陵知县的任上，在北京、南京的任上，和士大夫进行交流的时候，在贵阳和到那里的士大夫交流的时候，却得不到认同。这是什么原因？原因在于前者没有受到污染而后者已经被污染。他们被什么污染，中了什么毒？王阳明认为，中原的士大夫们受到朱熹"格物致知"的污染，中毒太深，所以排斥"知行合一"。

　　但是我在这里和大家说一个认识，不能怪别人不认同王阳明的观点，只能怪王阳明自己没有阐述清楚。在龙场的时候，王阳明自己就对"知行合一"认识不清，阐释不明。朱熹的"格物致知"已经深入人心，你来一个"知行合一"，怎么个知行合一？他自己也没说清楚。只有在解释了"致良知"以后，他自己才把"知行合一"说清楚，原来"知行合一"的"知"，既是"认知"，更是"良知"，和朱熹的"格物致知"不是一个概念，是两个层面的东西。王阳明的学说，他的各种各样的思想，就是这样不断地相互补充，最后才形成了一个完整的思想理论。

第五章

心中有良知，满街皆圣人

王阳明一辈子汲汲于做圣人，汲汲于与众不同。但是到50岁以后，他开始回归于平淡，回归于自然。他的思想也有了很多和前期不一样的地方。

异类之间的碰撞

正德十六年（1521），王阳明50岁，在南昌收了一个来自底层的徒弟，这个人名字叫王银，后来是泰州学派的创始人。

有的人会说，泰州学派的创始人是"王艮"，不是"王银"啊。王银是他的本名，有个"钅"字旁。后来王阳明让他把这个"钅"字旁去掉，于是成了"艮"字。很多学者都把这个"艮"视为八卦中的"艮"卦,所以读作"gèn"。但是,我一直把他叫作"王银"。这里要说说原因。

王银是明朝南直隶扬州府泰州的安丰场人。安丰场是明代著名的盐场,王银父亲是盐场的"灶丁"或"灶户"。明朝的户口分类继承元朝,分为民户、军户、匠户、灶户等,灶户便是煮盐的民户,子孙世袭为灶户,不得随意改籍或从事其他职业。按明初的法律,灶户生产的食盐,不得私自出售,全由政府控制,统一卖给商人。这就是对灶户或盐户人身自由的限制了。不仅如此,灶户的生产生活条件极差,收入十分微薄。成化(1465—1487)以后,也就是到了王阳明出生、入仕的那个时代,随着商品经济的发展,政府对食盐的控制才有所放松。灶户在完成了国家下达的产盐指标后,生产的"余盐"可部分自行销售。这样,不少灶户成了小盐商。王银的父亲也具有这样的双重身份,既是灶户,又是盐商。

在科举制盛行的时代,人人都希望自己的子弟通过读书应试,进入官场,这样便可改变门第,从被统治阶层一跃而为统治阶层。所以,王银的父亲也将改变门第的希望寄托在儿子身上。王银7岁的时候,被送入私塾读书。但王银见父亲每日起早摸黑地操劳,甚至在天寒地冻之日,也要赤着双脚在盐池取卤煮盐,心里十分难受。到11岁的时候,王银坚决不再上学,要和父亲分担劳苦。从此,凡官府有差役,都是王银代父亲充役,父亲出外经商,王银也跟随前往。

但是，王银辍学，并不是不愿学，相反，他十分好学，所以，在弃学从盐、从商之后，他和其他的盐户、盐商不一样，他一天到晚身上带着一本《孝经》，随时诵读。所以我也经常和朋友交流，读书是可以不分时间、不分场合的，任何时候都可以读书，都可以思考。王银出名之后，仍然有很多人瞧不起他，说他只读过《孝经》。但万历时期（1573—1620）的名臣、王学的拥护者邹元标认为，这恰恰说明王银的天赋不是一般人比得上的。他虽然只读一本书，但比我们读无数的书，对圣人之道的领悟都来得更深刻。

说到这里，我想起了另外一个人、另外一个典故：很多读书人瞧不起宋朝的开国宰相赵普，说他只读过半部《论语》，人家赵普干脆宣告，我就是只读了半部《论语》，但我是"半部《论语》治天下"，你们这些酸秀才号称读万卷书，你读出了什么名堂？

但其实，赵普哪里只是读了半部《论语》？王银又哪里只读过《孝经》？肯定是别人瞧不起他们、讥讽他们读书少，于是他们干脆宣告，我就只读了半部《论语》，我就只读了一部《孝经》。这才是以低调的方式表达高调的强势，因为他们都有高调的本钱。

由于王银经营有方，家业逐渐富裕起来，而且他愿意读书，又孝敬父母，还肯帮助别人，人们也就越来越佩服他。王银也是自我感觉良好，觉得有必要和众人分享自己的学习心得，就如我们今天讲课、发表论文、发布微信一样。王银不但爱学习、爱思考，口才一定也十分了得，当他把自己的体会和感悟告诉身边的朋友时，立即得到共鸣。于是，王银开始公开聚众讲学了。他甚至告诉朋友，说自己在29岁时做了一个梦，梦见天塌了下来，压在大地上，也压在自己身上，成千上万的人奔走呼号，求人救助。王银奋力振臂，竟然将天举了起来，救了亿万人的性命。抬头一看，由于这一塌，日月星辰都错乱了位置，他觉得好笑，一一将其扶正归位。做完这些事情之后，他累得汗流如雨，内心却陡然空明洞彻。一觉醒来，他觉得以往参解不透的事物，这时都在自己的意念之中。于是，王银开始用"心"来体验万物，同时也教人以"心"来体验万物。农夫、渔父、商贩、工匠都知道王银先生，他的名声传遍江北。

有朋友问我，王银所谓的"梦"是自己编出来糊弄人、忽悠人的吧？我相信是真的，所谓日有所思，夜有所梦，王银的梦和王阳明的"龙场悟道"、揭示"致良知"如出一辙，都是长期渐悟的阶段性成果——顿悟。

名声一大，王银身上的傲气也开始膨胀，行为也更加怪僻、更加张扬。王银根据自己所理解的《礼经》，自制了一顶"五常冠"、一套深色大氅、一条比常人宽大得多的腰带，又用毛竹制作了一块比官员们上朝时所用的笏板大得多的笏板，然后，他穿着这身服装，出没在城市乡村。每到一地，观者如云。知道他的、佩服他的人奉他为圣贤，不知道他的、不以为意的人视他为怪物。王银对此都不屑一顾，还借用孟子的话来反驳："我说的是尧该说的话，行的是尧该行的事，怎能不穿尧所穿的衣服？"

有位名叫黄文刚的吉安儒商，来泰州贩盐，正遇王银讲学，见他那身打扮，觉得好笑，便也挤在人群中听讲。一听却大吃一惊，这王银所讲的道理和他在南昌听阳明先生所讲的极其相似。等讲学结束，黄文刚来见王银，问他与王阳明是否有师承关系。王银听黄文刚说到王阳明，不禁茫然。他与真正的学者接触很少，也没有到过大地方，王阳明名声遍天下，王银竟然没有听说过他的名字。这是因为他们分别属于两个世界，在两条平行线上行走。

好奇心盛，王银当天便启程，前往南昌见王阳明，一来想看看王阳明到底是何许人，二来想与王阳明分个高低，他不相信这个世上还有人悟性能超过自己。黄文刚提供的信息十分详细，王银便直接来到王阳明的江西巡抚衙门。此时，王阳明正在和学生论学，有人报告，说一个叫作王银的怪人要求拜见，王阳明让人把他请进来。

王银一进来，让人们大吃一惊，果然是个怪人。只见他戴着一顶高帽子，穿着一身长袍服，手上捧着一块木板，用我们现在的话来说，他穿着奇装异服，是戏剧里头的服装。

王阳明也觉得好玩，问道：先生所戴是何冠？

王银回答：是有虞氏的古冠。

王阳明又问：先生所穿是何服？

王银应声答道：是老莱子的古服。

有虞氏是舜的号，传说舜生性至孝，不管父母如何虐待他，兄弟如何亏待他，他都不怨不怒，最后终于感动了父母兄弟。由于他有这样的气度，又能干，所以尧将王位让给了他。老莱子是春秋时楚国人，也是个孝子，70多岁了，为了让父母开心，穿着五彩斑斓的衣服，学着小孩的步子，故意摔跤，然后假装哭泣，逗得父母直乐。

王银以这身打扮来见王阳明，而且手中捧着一块木片作笏，一方面表示自己的诚意，另一方面却是故示傲气。

王阳明让仆人准备，请王银就座，王银却径直向前，坐在了王阳明的同一条凳子上。

王阳明挪了挪身子，给王银腾出点空间，微微一笑：那你是要学老莱子啊？

当然。王银答道。

王阳明接着问道，那你为何只学着穿他的衣服，而不学他在堂上假装摔倒，掩面啼哭？

王银听了，心中一惊："这王阳明果然有学问，名不虚传。我有备而来，反倒落了下风。"他不觉将屁股挪了挪，只坐在凳子的一个角上。可是在当年，只要是读书人，有谁不知老莱子的典故？这是王银几乎没有和读书人打过交道，而闹出的误会。

王银是不肯轻易服输的人，他将自己平生所悟的道理，与王阳明反复辩论。众弟子开始有些吃惊了，这个怪人的确非寻常之辈，他的见识、辩才，恐怕除了老师，还无人能让他口服心服。

同时，王银又是襟怀坦荡的人。经过反反复复的辩驳，王银服气了，起身倒地而拜，说："先生论致知格物，简易直接，非我所及也。愿为弟子，听从先生教诲。"

王阳明连忙站起身来，将王银扶起，笑道："先生见识学问，也令我顿开茅塞。这拜师之事，先生还是慎重些好，以免将来后悔。"

王银回到馆驿，一字一句地回忆与王阳明的问答，果然有些后悔。王阳明固然学问精湛，但议论之间，并非没有漏洞，只是自己当时没有抓住，怎么就稀里糊涂地服输了呢？一个晚上，王银辗转反侧，将自己的理论又仔细演绎了一遍，自信或许可以驳倒王阳明。

第二天一早，王银求见。王阳明笑着问道：先生是否又有赐教？

王银也笑了起来：昨日确实有未尽之言，想再向先生求教。

王阳明赞赏地点了点头：先生可说是不轻易盲从。

又是一天的反复辩驳，王银终于信服了，这王门弟子今天是做定了。他再次向王阳明行弟子礼，感叹道："我过去以饰情抗节为高，其实只是矫情于外。先生的学问精深极微，得之于心。这才是真正的圣人之学。"

从此以后，王银成为王阳明诸多学生里的一个异类。什么叫作"异类"？第一，他不是读书读出来的，是自己体悟出来的，所以不循常规；第二，他的本事主要不是老师传授的，他是带着本事、带艺从师的。这种路数和王阳明倒也相似。所以我常常和朋友说，王银投入王门，是异类遇上了异类，是小巫见到了大巫。如果王阳明不是来自三教九流，又怎能收服王银？

王银拜师是王学传播过程中具有重大意义的一个事件。在这之前，王阳明学生多是读书人，此后开始有教无类，王阳明的学生里头，多了许许多多的凡夫俗子，多了许许多多的小商人、小手工业者及农民。王阳明的王学开始有了像孔学那样的气度。自从王银进来以后，王阳明开始面向大众，进入底层，在吉安、赣州等地不断宣扬"致良知"三个字。

风云变幻

正德皇帝朱厚照于正德十五年（1520）闰八月离开南京，乘船经仪征、镇江、扬州、宝应，一路上泛舟捕鱼，倒也兴致盎然。九月十五，朱厚照游兴大发，独自驾着一条小舟，在运河西岸的积水池用网捕鱼。不料乐极生悲，朱厚照一个不留神，重心失去控制，小舟也失去平衡，翻了个底朝天，朱厚照被船倒扣在水中。跟在后面的小船上的侍从正在为皇帝的表演喝彩，没想到风云突变，吓得手足无措，直到池边的侍从不断高喊，船上的侍从才清醒过来，接二连三地跳入池中，手忙脚乱地将皇帝从水中救出。岸边的侍从首领怕皇帝丢面子，连忙高喊：皇上是真龙天子，今日奴才们可开了眼，见到真龙戏水了！众侍卫也一齐欢呼起来。

但是，这条"真龙"却连吓带冷，半天说不出话来，就此一病不起。这一年的十二月初十，朱厚照拖着病体回到了离开一年半的北京紫禁城，第二年，即正德十六年（1521）三月十四，永远离开了这个世界，当时才31岁。大臣们根据他生前的喜好和行为，为其立了一个庙号——武宗。

武宗朱厚照死时没有儿子，也没有兄弟，大学士们根据"父死子继，兄终弟及"，以及由近及远的继承惯例，经过皇太后的同意，将朱厚照的一位堂弟、15岁的兴王朱厚熜，从湖广安陆请到京城，做了皇帝，这就是后来庙号为"世宗"的嘉靖皇帝。

朱厚熜这时候也才15岁，天上掉馅饼，竟然让他做皇帝。一开始是通知他以皇帝的身份到北京，但是他到了良乡的时候，情况就发生了变化，大学士们希望他以皇太子的身份从东安门进宫，而不是计划的大明门。当然，或许这也是太后的想法，自己的儿子死了，不能让别人的儿子继位太容易。如果这是太后的意思，这就太小家子气了，这个皇位迟早都是别人的，你还不如爽爽快快地把人情做得更大一些。如果是内阁杨廷和等人的主意，那就是这帮老臣想多一些话语权，让皇帝变得听话一些，不能又出一个武宗皇帝，要培养一个"孝宗"皇帝。

这时朱厚熜的身边带着一个兴王府的长史，他看看长史，征询意见。这位长史应该说是个角色，他看看天，又看看地，暗示了一句，殿下的皇位是上天赐予的，不是其他人赐予的。朱厚熜听懂了，对前来迎接的大学士和礼部官员说，你们给的诏书，是让我来做皇帝的，不是让我来做皇太子的；如果要我做皇太子，我不做，麻烦你们把我送回湖广去吧。

这个问题就严重了。双方僵持了很久，有人请示了太后，太后说，怎么能回去呢，那不乱套了吗？结果是朱厚熜还没有进北京，就取得了和太后、大学士们斗争的第一场胜利，顺利以"嗣君"而不是皇太子的身份，从大明门入了皇宫。大家说，用得着那么讲究吗？从大明门入还是从东安门入，不一样吗？还真不一样，就事论事，这是皇帝和太子的区别；就事论理，这是"正名"的问题。而且，这个回合的斗争，使这个15岁的少年，知道了坚持就是胜利的道理。

接着，新皇帝和以内阁为首的朝中当权派，就生父兴献王朱祐杬的尊号等问题，进行了三四年的反复争论。这场被称为

"大礼议"的争论，以争"礼"开始，以争"权"告终，成为明代政治史上著名的大事件。当时的官员无论是在朝还是在野，几乎全都卷入了这场斗争之中。

朱厚熜做了皇帝以后，大臣们要求朱厚熜称自己的父亲为"皇叔父"，称正德皇帝的父亲即孝宗皇帝为"皇父"，朱厚熜十分不愿意。有一句话叫"母子齐心，其利断金"，嘉靖皇帝的母亲蒋氏也是个角色，在皇帝登基几个月后，她顺着长江，顺着运河来到通州。到通州后，她知道儿子在北京被大学士们为难，知道自己的儿子虽然做了皇帝，却不能称自己的丈夫为"皇父"。于是蒋氏对前来迎接的礼部官员说，你们把我们母子两个送回去吧，这个太后我不做了，我儿子也不做皇帝了，我不能因为出了一个皇帝，而丢了一个儿子。这话和她儿子在良乡时说的类似。诸位看看，这母子俩都非常有个性、非常有主见。当然，他们断定，无论是太后还是大学士，都不敢冒天下之大不韪，真把他们送回去。

这实际上是朝中的元老对新来的皇帝进行控制，而皇帝反抗这种控制的斗争。就在皇帝感到孤立无援的时候，突然冒出了一个浙江永嘉的读书人，叫张璁。张璁25岁中了举人，这个年纪应该还算是比较年轻的，但是，此后竟然连续7次会试，屡战屡败。张璁心灰意懒，打算放弃，这时却有一位自称懂得相术的御史鼓励他说，你的霉运已经结束，3年之内，必定可以中进士；再过3年，一定能"骤贵"，前程不可限量。

御史的鼓励，使张璁正在熄灭的斗志又重新焕发出来。张璁决定奋力一搏，竟然在第8次科举也就是正德十五年（1520）二月的会试中中试。本来三月要进行殿试，由于正德皇帝当时还在南京，皇帝不到场，殿试就没法举行。从南京回北京的路上，正德皇帝朱厚照在淮安落水，一病不起。所以，从正德十五年拖到十六年（1521），一直没有对这一批准进士进行殿试。直到嘉靖皇帝即位后，才在正德十六年的五月，推迟了一年零两个月之后，补行殿试。于是，这一榜的进士们，便不是正德皇帝朱厚照的"门生"，而是嘉靖皇帝朱厚熜的"门生"。张璁就是嘉靖皇帝第一批门生中的一个，这个时候，张璁已经四十六七岁了。

朱厚熜完全没有想到，在自己的第一批门生中，竟然产生了一位勇士、斗士。就在朱厚熜几乎是孤军作战，为着自己父亲的名分，为着自己皇帝的名分，与以杨廷和为首的大臣反复辩驳时，张璁这个比皇帝大30多岁的老门生、"观政进士"，却凭着自己通晓古今礼制，义无反顾地上了一道"辨礼疏"，旗帜鲜明地站在皇帝一边，向以杨廷和为首的满朝的大臣宣战。这是嘉靖皇帝在"大礼议"中得到的第一个支持的声音。

王阳明这个时候在干什么？

嘉靖皇帝在兴王府的时候，就对王阳明佩服得不得了，当年几乎所有的有志青年，都是王阳明的粉丝。一个文弱书生，不是带着正规的军队，而是带着一帮乌合之众，数十年没平定的动荡，被他一年搞定；宁王谋划多年的叛乱，被他一个月搞定；而且，越是艰险之际，越是危疑之际，他越是神明自定，越是若有神助。所以嘉靖帝极其佩服他。嘉靖帝即位之后，立即下了一道旨意，让王阳明即刻北上，面见皇帝。

王阳明得到圣旨之后，极为兴奋。但是明朝人包括中国历代的官员，都需要假装谦虚，当接到任命的时候，要写一个推辞的报告，说自己能力有限，或说身体不好，难以承担重任。但是王阳明没有这样写，他没有假装谦虚，只是说祖母去世，没有来得及祭奠，父亲年老多病，还没有来得及探视，请求皇帝让他先回一趟家乡。当然，这个时候王阳明的家已经从余姚搬到绍兴了，所以他请求先去绍兴，再去北京。

但是，王阳明还在去绍兴的路上，朝廷的第二道圣旨来了，让王阳明暂且不要赴京，就在原地待命。

第二道旨意显然不是皇帝真实的意思，而是大学士们的意思。当时在内阁做大学士的，是杨廷和、蒋冕、毛纪，3人都恪守朱学，与王阳明有学术上的分歧。而且在他们的印象中，王阳明是王琼的人。先任兵部尚书，后为吏部尚书的王琼，已经在与内阁的斗争中失败，被坐以"交结近侍律"论死罪，因为功劳大，属"八议"之条，所以免去死罪，发配戍边。如果逼走一个王琼，又召来一个王阳明，岂不是自己和自己过不去？

而且，王阳明的事功、学问，举朝上下无人比得上，如果他来北京，该将他放在什么位置呢？更何况，当时的北京正在酝酿着一场重大的斗争。大学士们和新皇帝之间就皇帝生父的称号问题，正在进行反反复复的论战。如果来了一个王阳明，岂不是壮大了皇帝的力量？

明太祖废除宰相之后，从永乐开始有了内阁。但在内阁担任大学士的，除了杨一清等极少数是凭着有解决实际问题的才能和功绩入阁的，其他几乎全是能写漂亮文章、能说传统道德的翰林院秀才。越是功劳大，越是能干实事的，越是难进内阁。

王阳明这时所受到的待遇也是这样。尽管皇帝想见王阳明，并且下了敕书，但大学士们却有对付皇帝的经验和理由。他们让科道官出面向皇帝打报告，说是眼下正值武宗死后的"国丧"期间，朝廷革故鼎新，一切都还没有理出头绪，特别是旧君去世，新君即位，已经花去了很多经费，如果这时将王阳明召到北京，必然要对他以及跟随他平定"宸濠之乱"的官员和士兵进行犒赏，户部一时间哪里拿得出那么多的银子？不如先让他暂留南昌，等到朝廷理出一点头绪之后，再召他进京，论功封赏。

尽管这样，王阳明平定朱宸濠的事情，朝廷总得有个交代，泼在王阳明身上的那些污水，总该进行洗刷。况且，王阳明的一个弟子冀元亨因被许泰、张忠等人构陷，一直被囚禁在北京锦衣卫大牢之中，虽然经过王阳明多次移文都察院和各部，以及言官们的极力辩冤，朱厚熜即位后，下令放其出狱，他却终因病重死于狱中，朝廷至今没有下令给予抚恤。

所有这些事情，都压在王阳明的心中。但是他要等待，等待当权者们的下一个动作。

正德十六年（1521）十一月初九，朝廷终于对平定"宸濠之乱"的有功人员做了一次封赏。受到封赏的，有原南京兵部尚书乔宇、南京守备太监黄伟等。吉安知府伍文定，在此之前已升任江西按察使，这次再升都察院左副都御史，去北京赴任。王阳明则因首功，被封为新建伯。

封赏的诏书到绍兴时，王阳明的父亲王华已在弥留之际，但神志却显得特别清醒，他催王阳明兄弟出门迎接使者，听清了晋封三代的"旨意"，才瞑目而逝。父亲去世，儿子得在家中"守制"3年，每年以9个月计，共27个月。这是汉唐以来形成的制度，也是明朝的规矩。朝中的当权者们，应该感到松了一口气，至少在这27个月中，他们不必为安置王阳明的事情而费心。

闲居绍兴，新的体悟

"大礼议"之争仍在继续，王阳明的几个弟子，包括吏部员外郎方献夫，也是支持嘉靖皇帝的。但这个时候，嘉靖皇帝最需要的是有名望的、众望所归的大臣，旗帜鲜明地支持自己。从这一点来说，方献夫的分量不够，张璁的分量不够，王阳明的其他弟子，分量更不够。

这个时候的王阳明，封了新建伯，也有一个职务，南京兵部尚书。虽说他正在守制，但君辱臣死，君父在危难之际，嘉靖皇帝希望他在这个时候挺身而出。但是，王阳明一直没有就"大礼议"的事情发表过意见。他越沉默，嘉靖皇帝越着急，并因着急而产生不满。平日你那么喜欢说，到处讲学，此时怎么一声不吭？说是为了避嫌疑，但你什么时候避过嫌疑？你不是以一人之力，与天下相抗，硬是要将朱熹和陆九渊的旧账翻过来吗？难道这就不怕嫌疑了？张璁只是观政进士，桂萼也不过是南京刑部主事，尚且敢于与杨廷和对抗，相比之下，王阳明的不表态，太让皇帝失望了。

嘉靖皇帝朱厚熜，是一位恩怨分明、特别会记仇的君主。

在所有的"大礼议"新贵中，张璁是第一个公开支持皇帝、与杨廷和对抗的。嘉靖皇帝一见张璁的奏疏，感激得声音都颤抖："此论出，吾父子获全矣！"在以后的将近20年里，尽管张璁多次得罪皇帝，但皇帝每次都出奇地大度。有位名叫何良俊的学者，写了一篇《四友斋丛说》，记载了张璁等人的待遇：张璁做大学士时，进宫办事，太监们见了都拱手致意；后来夏言做大学士，进宫时和太监相互拱手；到了严嵩做大学士时，则向太监们拱手了。奴才都是看主人的脸色行事的，太监对张璁客气，是因为皇帝对他不一般。

对于自己本来寄予厚望、关键时刻却一言不发的王阳明，皇帝也是牢记在心的。嘉靖三年（1524）四月，王阳明27个月的守制期满，按惯例应恢复原来的职务或安排新的职务，但一年过去了，朝中却一无动静。方献夫、黄绾等人是议礼的新贵，多次上疏，要求朝廷起用王阳明。席书当时是礼部尚书，更是极力推荐王阳明入阁："生在臣前者见一人，曰杨一清；生在臣后者见一人，曰王守仁。"又说："定乱济时，非守仁不可。"但是，后来杨一清是入阁了，王阳明却仍不见起用。虽然各种资料都说是首辅费宏从中阻挠，但起决定作用的，应该是皇帝自己。嘉靖皇帝可以将杨廷和等人一个一个罢官，可以将张璁、桂萼、席书、方献夫、黄绾等人统召到北京，如果他要用王阳明，不要说一个费宏，就是100个，也阻止不了。

既然朝廷不用，王阳明干脆安心在绍兴讲学。其实，这3年来，王阳明就从来没有停止过讲学。这期间，可以说是王阳明"悟道"的第三部曲、第三个阶段。

第一个阶段，从上饶娄谅处得到"圣人必可学而至""学者需亲细务"的教诲到"龙场悟道"，悟出通向圣人之道的道路或者途径。所谓"圣人之道，吾性自足，不假外求"，此为泛滥于辞章，出入于"佛老"，遍读考亭之书，并于廷杖之下、处偏远之地得出的感悟，这得出了一条道路。这个阶段，大概经过了20年的上下求索。

第二个阶段，从"龙场悟道"到在江西揭"致良知"，此为王阳明一生学术与事功相互激发，在"百死千难"中悟出的"圣人之道"的"道"，也是王阳明心学的核心和真谛。如果没有"致良知"三个字，王学就是不一样的王学。"致良知"这三个字是内外兼修：第一，要从内心把良知发掘出来，要正心诚意；第二，要在行为上体现你的良知，是行为之学，是行动之学，是实践之学。所以说，"致良知"属于内外兼修。

第三个阶段，从在江西揭示"致良知"到在绍兴赋闲讲学，强调"凡夫俗子"的学说，教化大众，心中有良知，满街皆圣人。此为王阳明寻求"圣人之道"的初心，也是中国历代"圣贤"的宗旨。一切学术、一切事功都是为了济世安民，都必须走向民间，深入底层，否则你的学术只是学者的"把玩"，而不是影响社会的力量。所以，我给商务印书馆写的一部书稿，名字就叫《王阳明：心学的力量》。

中国历代的学术思想，一般都具有"经世致用"的特点，它属于应用性的学科，很少有纯理论的学科。再和大家交流一个观点，我认为是个事实，那就是中国历史上的所有思想家，几乎都是社会活动家，没有一个是心甘情愿窝在山沟里头读书的，都是要学成帝王术、文武术，要出来做事的，都是入世的学说。当然，这也是一柄双刃剑，因为一入世，学术可能就会逐渐缺乏独立性，就会随着国家机器的需要而运转。而王阳明的学说，恰恰因为他是在体制外传播，所以他能保持相对的独立性。但是不管是体制内的学说，还是体制外的学说，在中国古代的圣贤和有责任感的读书人看来，学术必须做到四个字——济世安民。对民众不好的学说不传播，让社会不安定的学说不能传播。一切都是为了社会的安定，将民众的生计作为思想的出发点。

这里，我们交流一段《传习录》的记载。

《传习录》记载，有一天，王汝止出游归。王汝止就是王阳明在南昌收的弟子王银，王银拜王阳明为师以后，王阳明给他改名为王艮，同时给他取了一个字，叫"汝止"。这个字取得很有意思，意思是别太张扬了。

王艮出游回来，王阳明就问他，你出游，看到了什么，听到了什么？王艮说，这趟出去，好像有和过去不一样的感觉，觉得满街都是圣人。王阳明笑了，说，好啊，你看满街都是圣人，满街人应该也认为你是圣人。

王艮是什么人？是天赋极高、眼界极高的人，平日也以圣人自居。王艮能够感觉满街都是圣人，说明他放下了自己的身份，摆正了自己的心态。所以王阳明表扬他，说他如果能够这样地看满街之人，那么满街之人就会把他也看成圣人。

又有一天，一个叫作董萝石的，也出游回来。董萝石名叫董沄，萝石是他的号。董沄比王阳明大10多岁，60多岁的时候，拜50岁的王阳明为师。王阳明开始不同意，说您是前辈，我不敢当。董沄坚持，结果成了王门年纪最大的学生。董沄也是出游而归，见到王阳明很兴奋，说"今日见一异事"。王阳明问："何异？"董沄说："见满街都是圣人。"王阳明说："此亦常事耳，何足为异？"

同是"满街是圣人"，王阳明对王艮和对董沄，却是两种说法。阳明弟子钱德洪对此做了一个解释，说"汝止圭角未融"。什么叫作"圭角未融"？就是这个人还是自视甚高，所以王阳明要告诫他，平等待人，你怎么对待别人，别人也怎么对待你。而萝石开始"有所醒悟"。什么叫有所醒悟？那就是刚刚领悟师门要旨，这个时候就要鼓励他。所以，虽然是同样的一句话，王阳明对不同的人，有不同的教诲。

钱德洪的说法是有道理的，但我认为，王阳明还在传递一种思想，那就是每个人只要心中有良知，并且依照良知办事，不需要有多大的成就，你也是圣人。因为要有成就，要建功立业，一要靠本事，二要靠机遇。普通的民众只要把自己的"心中贼"除去，把"良知"发掘出来，按良知去做事，同样也是圣人。这是王阳明把"圣人"的概念由云端收回到地面，这就有点像佛教说的人人皆可成"佛"，王阳明这里说的是人人可以成"圣"。

还有一件好玩的事。

嘉靖五年（1526）会试，钱德洪和王畿，虽然双双中试，成了准进士，但是，由于不满主考官通过科举出题攻击王学，二人商议，放弃了殿试，与会试下第的黄弘纲、张元冲等人一起，回到绍兴。大家说，放弃殿试，那就是放弃了机会啊。但明朝不是这样，你放弃了这一次的殿试，仍然保留着下一次殿试的资格。

几人回到绍兴，见了老师，说起一路上与人讲学，有愿意听的人，也有不愿意听的人。

王阳明问道：你们是否知道为何有人不愿听？

钱德洪等人认为，这是一个再简单不过的问题，不愿意听的当然是一些脑子不开窍的人。但王阳明不是这样看，他认为，是钱德洪等人还没有放下架子："你们摆着一副圣人的架势去与人讲学，人家见到圣人来了，都害怕，于是都走了。你们应该将自己看作愚夫愚妇，才可以去与人讲学。"

当然，这个理念王阳明只有到后期才有，他前期是张口闭口"学为圣贤"，绝不会说"愚夫愚妇"。

晚年的时候，王阳明教导他的学生，说我们的学说就是愚夫愚妇的学说，我们必须用别人喜闻乐见的方式，用愚夫愚妇所能够接受的方式来和别人交流，你不能再是"道貌岸然"，总觉得自己如何了不起，那样别人是不会听你的，他会觉得你是圣人，我惹不起我躲得起。只有用凡夫俗子、用愚夫愚妇的方式来进行交流，别人才能够接受。这也说明王阳明越来越重视把自己的"致良知"推向大众。

说到这里，我们这些所谓的学者似乎也该有所反思了。好像王阳明也是在说我们，因为我在前面也和大家说过判断学者与网红的区别。是不是我们在坚持说真的、对的话的同时，得学学网红的语言特点和传播方式，使自己的学说传播得更为便捷，人们更能够接受？这个问题的答案我还没有想好。

国家的治理，社会的安定，不仅仅是士大夫的事，更是每一个民众的事情。如果所有的民众都不把自己的良知发掘出来，都像红眼狼一样见到利益就扑过去，这个社会怎么能够安定？"致良知"同时是全民的事情，就像王阳明说的"心中贼"，不仅"山中贼"有"心中贼"，全民都有"心中贼"，尤其是士大夫和皇帝的"心中贼"导致了社会诸多问题。但是同样，要破除这个"心中贼"，不仅仅是要在士大夫心中破除，普通民众心中也得破除。王阳明自己同样也有"心中贼"。

当然，学生也拍他的马屁，怎么拍马屁？有点肉麻。

钱德洪拍老师的马屁，说："今日要见人品高下最容易的。"王阳明觉得奇怪，如何才能分辨一个人的人品高、一个人的人品下？

钱德洪说，先生就像泰山在前，有不知仰视者，须是无目之人。

有一句话，说是"高山仰止"，泰山在前面，我们要想看到泰山，就要仰起头来，钱德洪等人的意思是，先生您就是泰山在前。如果有人看到您不知道尊重，不知道抬头，不知道高山仰止，此人就是人品低下，此人就是"无目者"也。

王阳明这个时候说了一句非常伟大的话："泰山不如平地大，平地有何可见？"任何一个伟大的人物，当你觉得自己是个伟人的时候，实际上你还不是真正伟大。当你觉得自己和平常人一样的时候，你才真正伟大，这就叫"泰山不如平地大"。伟大的人物只有当他有大地一样的胸怀，而不只是泰山一样的胸怀时，才能够包容万物。

《道德经》有一段话，我印象特别深刻："人法地，地法天，天法道，道法自然。"有位好朋友和我说，这实际上就是"人法自然"，我当时大赞，太对了，归根到底就是"人法自然"。但是回过头来一想，以《道德经》作者那样的智慧，他为什么说这么多废话，为何绕这么多弯弯？

大家读西方学者的哲学著作的时候，也许会有同样的感觉，一句话，作者可以颠三倒四、不厌其烦地从各个角度说。后来发现，别人是从各个角度，把问题阐释得天衣无缝，就像我们写论文，一个专门的问题，为何博士论文要到10多万字乃至几十万字？我发表的关于明代社会多元化的多篇论文，都是4万到5万字，当然，发表的时候做了一些删节。有一篇甚至写到八九万字的时候，发现方向错了，核心问题还没有涉及，于是推倒重来。大家说，为何要写这么多字？因为不写到这个程度，就形成不了"证据链"。

那么，《道德经》为什么不直接说"人法自然"，而要说"人法地，地法天，天法道，道法自然"呢？这也是"证据链"，在强调事物的过程。要想人法自然，你先要向地学习，先法地。人有很多欲望，先要向地学习，放下这些欲望，像地一样奉献而不是索取；然后再法天，向天学习，天的精神、天的品质是光明，是包容万物，学会了天的光明和包容，才可以包容万物，才接近于道，才可以效法自然。所以，这个过程是很重要的。我们往往把过程省略掉。王阳明开始教弟子的时候，也是把过程省略掉，说自己白费了许多口舌，直接就教人"致良知"了。王阳明的弟子里头，有一批人就形成了一种"空疏"之学，夸夸其谈，说大话，包括王银的儿子，还有王银儿子的弟子，在他们那里，他们的先生王银就是最伟大的，孔子算什么？他们的老师超越了孔子。孔子并非不可以超越，否则人类怎么进步？但你的那些名堂都是从孔子那里衍生出来的，这就狂妄自大了。

所以，后来王学的末流，越来越被人们指责，就是因为他们口里说的是王阳明的"为圣人之心"，却没有学到王阳明修炼内心，并且付诸行动的精髓。

王阳明时时强调事功就是学术，这一条我觉得对我们当下也是极其重要的。有一个流传很广的故事，说有一个属官久听王阳明讲学，然后对王阳明说，先生之学真是太好了，但是我由于簿书讼狱繁难，不得为学。意思是，我的工作太忙，我没时间去学。王阳明说了下面一段话，我们共同欣赏：

　　我何尝教尔离了簿书讼狱，悬空去讲学？尔既有官司之事，便从官司的事上为学，才是真格物。如问一词讼，不可因其应对无状，起个怒心；不可因他言语圆转，生个喜心；不可恶其嘱托，加意治之；不可因其请求，屈意从之；不可因自己事务烦冗，随意苟且断之；不可因旁人谮毁罗织，随人意思处之。这许多意思皆私，只尔自知，须精细省察克治，惟恐此心有一毫偏倚，杜人是非，这便是格物致知。簿书讼狱之间，无非实学。若离了事物为学，却是着空。

　　你既有职务，有工作，你就应该从职务、从工作的事上为学，那才是真正格物。事功和学术，并无二致。不落在实处的学问，并非真学问。审一个案子，"不可因其应对无状，起个怒心"，有些犯罪嫌疑人对你态度轻蔑，而且不配合你的工作，你这个时候不能发怒，你不能说你这小子态度不好，我就加重惩治；"不可以因他言语圆转，生个喜心"，也不能因为有的人会拍马屁，认错态度很好就想减轻他的罪过；"不可恶其嘱托，加意治之"，不能在判案的时候，因为厌恶他的委托而加意治之。如此等等，皆是错。

这一段我特别和做律师的朋友交流过，他们是否也犯过，而且还在继续犯王阳明指出的那样的错误？

王阳明500年前就已经教导了我们，不可因其请求，屈意从之，不能因为他上有老母下有小孩，于是就"屈意从之"，这也不可以。不可因自己事务烦冗，随意苟且断之；更不可因旁人谮毁罗织，随人意思处之。这些因素只有自己知道，所以必须精细省察克治，唯恐此心有一毫偏倚，必须杜人是非，这便是格物致知。

王阳明又和学生说到"上智与下愚"。《论语》里有一句话，叫"上智与下愚不移"。我开始读到这句话的时候，觉得"上智"就是智商很高的人，"下愚"就是智商低的人，这是改不了的。后来读王阳明的书，王阳明说了一句话："不是不可移，只是不肯移。""上智者"见事准，办事有效率，而且喜欢学习，愿意改正自己的错，他们不改变自己的这种习惯，这是有主见；"下愚者"见事迟，办事缺乏效率，但又不愿向别人学习，也不愿改变自己，这就是固执。所以孔子说"上智与下愚不移"。关于这句话，程颐的学生也问过程颐。王阳明的回答和程颐一样，不是不能移，而是愿不愿意移。

徐爱是王阳明的首徒，王阳明在赴龙场之前，包括徐爱在内的三个青年坚持要拜王阳明为师，成为王阳明的第一批弟子。徐爱在《传习录》引言里说王学的特征：

先生于《大学》"格物"诸说，悉以旧本为正，盖先儒所谓误本者也。爱始闻而骇，既而疑，已而殚精竭思，参互错纵，以质于先生，然后知先生之说若水之寒，若火之热，断断乎百世以俟圣人而不惑者也。先生明睿天授，然和乐坦易，不事边幅。人见其少时豪迈不羁，又尝泛滥于词章，出入二氏之学，骤闻是说，皆目以为立异好奇，漫不省究。不知先生居夷三载，处困养静，精一之功固已超入圣域，粹然大中至正之归矣。

爱朝夕炙门下，但见先生之道，即之若易，而仰之愈高；见之若粗，而探之愈精；就之若近，而造之愈益无穷，十余年来竟未能窥其藩篱。世之君子，或与先生仅交一面，或犹未闻其謦欬，或先怀忽易愤激之心，而遽欲于立谈之间，传闻之说，臆断悬度，如之何其可得也？从游之士，闻先生之教，往往得一而遗二，见其牝牡骊黄而弃其所谓千里者。

徐爱可说是其师的知音。他以自己的亲身感受，解释了世人对王学不理解的原因。

人们往往只见到王阳明的为人随和、不修边幅，以及他曾经热衷于舞文弄墨，热衷于佛道方术，而没有看到他曾经刻苦钻研过程朱学说，更没有体会到他在龙场"悟道"时期的历尽艰辛。所以，一见到他批评程朱学说的议论，便认为是危言耸听、哗众取宠。朱子之学早已深入人心，人人以为是天下的至理，人人都将其作为学问的根底。王阳明批评朱子的学说，等于从根本上批评天下读书人的学问。所以，王阳明被人反对、遭人批评是十分自然的事情。有人只听过王阳明的片言只语，有人只是凭着道听途说的传闻，还有人一开始就以朱学的捍卫者自居，谁批程朱学说他就批谁，这些人又怎能理解王阳明学说的真谛？

徐爱也以自己的亲身感受，批评了一些同门师兄弟，仅仅学得一点皮毛，便喜欢夸夸其谈，其实并未真正理解师门的精髓。

王阳明后来忙于军政事务，确实需要徐爱这样的弟子来对自己的思想进行阐释，但徐爱却在31岁时英年早逝。难怪王阳明在得到徐爱去世的消息时倍加伤感，有孔子失颜回之痛。

第六章

斯人已逝，斯人永存

嘉靖六年（1527）六月初六，兵部派出的使者带着公文来到绍兴王家。公文说，两广未靖，命王阳明以南京兵部尚书总制军务，速往广西，督同巡抚两广都御史姚镆等戡处。

广西是苗族、瑶族、壮族等少数民族的聚居地，又是明朝政府首批推行"改土归流"的地区。各少数民族及其首领之间，少数民族与汉族之间，土著居民与明朝地方政府之间，一直存在着一些理不清的关系，存在一些在当时难以解决的矛盾，所以总是难以安宁。

田州地处广西西南（今广西百色市田阳区），汉代的时候属交趾郡（治所在今越南河内市的西北），唐朝属邕州（治所在今广西南宁市）。从宋代开始，设立了田州。不管是唐代的邕州还是宋、元、明的田州，均属"羁縻州"，由当地的土司岑氏管理。这位岑氏据说是东汉开国名将岑彭的后裔，应该说也是大有来头的家族。

从嘉靖二年（1523）开始，田州各土司相互攻伐。明朝在两广的地方官趁机发兵，利用土司间的矛盾，杀死田州府土知府岑猛及其长子，然后向朝廷告捷，并且要求就此废除田州的土官，改设汉人流官。"改土归流"是明朝永乐年间开始在少数民族地区推行的一项政策，但这一政策一直遭到当地少数民族首领的反对，加上缺乏相应的民族政策，所以总是反复出现矛盾。

嘉靖六年（1527），岑猛余部卢苏、王受等人乘着官军松懈，以岑猛未死相号召，并扬言在交趾借兵20万，于是一呼百应，不但攻占了田州城，而且攻占了思恩城（今广西武鸣），声势浩大。明军损兵折将，巡抚都御史姚镆一筹莫展。

这个时候，明朝的当权者们想起了平定南赣、平定宁王的王阳明。

开始，王阳明并不愿意，疏中反复陈说自己重病在身，无法胜任兵甲的劳顿，请求朝廷收回成命。于是朝廷来了第二道诏令，命王阳明以原官南京兵部尚书兼都察院左都御史，提督两广、江西、湖广四省军务。后来，又让他兼任两广巡抚。在当时的明朝，由朝廷派出的钦差大臣，就没有比这权力更大、地位更高的了。这也是嘉靖皇帝的统治风格，要让你办事，就给你一切可能给予的权力。王阳明懂得侍君的道理，事到这个份上，不能再推辞、再耽搁了。

天泉桥上"四句教"

对于老师的复出，弟子们自然是高兴。但老师的两广之行，肯定又是旷日持久。钱德洪和王畿，是王阳明在绍兴时收的弟子，虽然入门时间不长，却已显示出在王门的地位。但是，二人的性格、禀赋大不一样，王畿机敏善辩，钱德洪踏实持重，因而对于师门的教训，也就有不同的理解。这天，钱德洪和王畿都在同门张元冲的船上，讨论为学的宗旨。王畿对老师的"四句教"提出疑问，认为未必是"不易法言"。

"无善无恶是心之体，有善有恶是意之动，知善知恶是良知，为善去恶是格物"的所谓"四句教"是王阳明晚年的一个"顿悟"成果，我将其与"龙场悟道""致良知"并列，为王阳明三次重要的"顿悟"中的一次。

按我的理解，这"四句教"的意思是，每个人就他的本体来说，本来是无善无恶的，只是因为受到各种因素的影响，开始有善有恶了，然后，随着他的良知发现，他知道什么是善的，什么是恶的；最后要"致良知"，那就必须是为善而去恶。这"四句教"说的是一个认知过程。

这是王阳明对自己学说的一种修正，因为后来他发现，人性本来是无善无恶的，一个人生存在一个好的环境里，善的意愿就更多，生存在一个比较差的环境里头，恶的意愿就更多。但是通过学习圣人之道，我们知道哪些事情是善，哪些事情是恶，这样就可以通过"致"这种功夫来达到"本体"。"良知"是我们的本体，但是如果不通过"致"这种功夫，就达不到"良知"这个本体。所以说，人之初，性本无善无恶。那么从"无善无恶"到"有善有恶"，到"知善知恶"，到"为善去恶"，恰恰是人们认识社会、认识自身的过程，也是人们从建立"良知"到"良知"被蒙蔽再到"致良知"的"知行合一"的过程。

如果我们不考虑这个过程，只从字面去理解这四句话，是很难的，我们把它放在人类的一般思维方式上进行解读，"四句教"就符合我们当代所解释的这种思维的一般规律。弗洛伊德认为人的意识，开始是无意识，接下来有前意识，然后再有潜意识，最后到有意识。王阳明的"四句教"所揭示出来的"善恶"之念、"致良知"之意，与人类思维的过程相吻合，具有一定的科学性。

我这个解读可能和很多国学大师的解读不一样，很多国学大师的解读比较玄妙，而我认为"四句教"符合人类思维的一般过程，它回归到这个过程上，就不再是那种玄乎其玄、神乎其神的学说。任何人都是由无意识到有意识的，任何人都是由无善无恶，接着到有善有恶，然后到知善知恶，最后到为善去恶的。王阳明这个"四句教"，还有《道德经》中的法地、法天、法道、法自然，给了我很大的启示，我也在这些启示下写了一篇文章，名为《学术研究的"问题意识"与"非问题意识"》。

由此我也得出一个结论，无论是王阳明还是陆九渊、朱熹、孟子、孔子乃至佛祖释迦牟尼、禅宗六祖慧能，他们的学说思想，都有一个动态的逐渐完善的发展过程。所谓的"圣人之道"，瞬间的顿悟只是表象，长期的体悟才是事实。王阳明也是这样，王阳明所谓的"龙场悟道"，只是找到了一个门道，后来还要不断地体悟。

一切的"顿悟"都是"渐悟"的阶段性成果，只要思维还在，行为还在，"渐悟"的过程就不会终止。正如王阳明对"四句教"的阐述，如果上天给予王阳明更多的寿命，他对"四句教"还将会有更多的解读，可能还有新的"顿悟"。

思想家的每一个成果都是一个阶段性的总结，任何伟大的思想家，哪怕他活到300岁，他最后对自己的理论做一个总结，也不能说这一个理论就是完善的，它还需要不断地发展。什么原因呢？第一个是他的思维继续存在；第二个是别人顺着他的道路还在继续推进。特别重要的是，世界在发展，社会在前进，从来没有过可以管1万年，可以管1000年，哪怕是管100年的学说。我们不能否定从古到今，古今中外人类的共同价值，孔子所说的仁者爱人，这是共同的一个理念，但如何达到，不一样的时代有不同的认识和说法。

钱德洪是师门学说的坚定恪守者，一听王畿对师学提出疑问，立即感到有些紧张，连忙问道："此话怎讲？"

王畿解释说，如果心是无善无恶的心，那么，意也应该是无善无恶的意，知也是无善无恶的知，物也是无善无恶的物。如果意有善恶，那么心也应该有善恶。

钱德洪不同意王畿的解释，他认为，心体是与生俱来的，原本无善无恶，但人生下来之后，就会染上各种习性，于是就有了善恶之念头。为善去恶，正是恢复原来的本体。

二人各执己见，谁也无法说服对方，于是一起来见老师。

这天是嘉靖六年（1527）九月初七，王阳明已定在次日启程前往两广，所以来访的客人特别多。直到夜深，客人才陆续散去。王阳明正想就寝，听说钱德洪和王畿在门外等候，有些诧异，出来询问。一听说他们在争论"四句教"，王阳明不禁一喜："我正希望二位有此一问。"

王阳明与二人一起来到住宅旁边的天泉桥上。诸位注意，这个天泉桥并不是什么壮观的大桥，只是绍兴城内诸多小河上的一座小桥，长度充其量也就七八米。王阳明让二人将各自的想法再说一遍。

听完之后，王阳明笑了，朋友中还无人对这"四句教"提出看法。这二人的见解，正好相辅相成。所以不能因各持己见而相病，汝中（王畿）应用德洪的功夫，德洪应悟汝中的本体。王阳明为何这样说？大概是说王畿思考得太多，要学学钱德洪的用功；钱德洪书读得多，要学学王畿的感悟。

钱德洪本以为自己是在捍卫师说，没想到老师各打五十大板。他对此表示难以理解。

王阳明解释说，入我王门的有两种人，一是利根之人，二是中根之人。人心的本体原是明莹无滞的，是个"未发之中"。利根之人可以直接从本源上领悟到心的本体。中根之人本体受了习性的蒙蔽，所以先应为善去恶，等功夫熟透之后，才可明尽本体。

王阳明见二人若有所思，继续说道："汝中之见，是我这里接引利根之人的法门；德洪之见，却是我这里接引中根之人的法门。二者不偏不废、相取为用，这样，中根上下的人都可在我王门得道。世上利根之人极其难得，连颜子、明道都不敢承当，如果只依汝中之见，岂不将他二人也拒之门外？人生在世，少有不染习性的，如果不教他们在良知上做为善去恶的功夫，一切都不着实处，只去悬空想个'本体'，岂不养成了一个'虚寂'？"

听了老师这番话，钱德洪觉得自己的感悟有了依托，王畿则不禁有些自得。王阳明再次叮嘱说，这四句话是一个整体，不可分割：无善无恶是心之体，有善有恶是意之动，知善知恶是良知，为善去恶是格物。这不是小事，所以不能不对二人说破，切不可失了宗旨。

但是，叮咛归叮咛，二人却各有自己的认识。特别是王阳明这一去竟成永诀，没有机会再行切磋，二人便根据各自的才性和理解，对师门的学说进行解释，从而导致了日后浙江王门的分化。

广西之行

嘉靖六年（1527）九月初八，王阳明告别了妻子张氏和不到1岁的儿子，告别了家乡绍兴，踏上了他曾经多次走过的由浙江通向江西的道路。他将沿着富春江、衢江，经富阳、桐庐、衢州到常山，经草坪驿到江西玉山、上饶，然后再在上饶登船，由信江经铅山、弋阳、贵溪、余干直趋南昌。在南昌，王阳明受到前所未有的礼遇，人们聚集在街头，就为了一瞻王阳明的风采，王阳明的轿子是从人群的头上传递的。到了吉安，阳明弟子和地方父老在北郊的螺丝山聚会，等候王阳明的演讲。

在给朝廷的报告中，王阳明说自己于九月初八"扶病起程，沿途就医，服药调理，昼夜前进"，无奈时值秋旱，船行艰难，直到这年十一月二十，才到广西梧州。

王阳明扶病起程是真的，也确实沿途就医，服药调理，但说"昼夜前进"，却并非事实。王阳明一路上都是故地重游，父老、诸生迎来送往。在南安弃舟登陆，翻过大庾岭，进入广东地界。经由浈水、北江、西江，王阳明于嘉靖六年（1527）十一月二十，来到两广巡抚的开府地广西梧州。

一路上，王阳明对于广西的事情已经有了盘算。朝廷让其"剿灭"诸族闹事的民众，王阳明通过书信，说服内阁首辅杨一清，同意他的"改剿为抚"策略。王阳明对闹事的首领卢苏、王受进行了杖责，然后释放，七八万聚集在南宁城外的各族民众，欢声雷动，表示接受朝廷的招抚，洗心革面，要做顺民。

王阳明这次以南京兵部尚书、都察院左都御史总督四省军务，又兼着两广巡抚，虽然朝廷只是要他处置田州、思恩的卢苏、王受，但广西的另外两处，大藤峡和八寨的民众也在闹事，所以王阳明认为也得一并处置。

不知是早有成算，还是又一次的"顿悟"。王阳明在遣散卢苏等部和遣返湖广土兵时，命广西布政使林富、副总兵张佑，带着右江官兵及卢苏的田州、思恩土兵，直取八寨；令广西布政使司参议汪必东、按察使司副使翁素及金事张赐，带着左江官兵及湖广永顺、保靖土兵，直取大藤峡。这次军事行动是在遣散土兵的烟幕下进行的，所以极为隐秘。大藤峡、八寨的民众根本没有想到官兵会突然袭击，猝不及防，被杀3000多人，大小据点都被官兵摧毁。到嘉靖七年（1528）七月，1个月的时间，令官府头痛了100多年的八寨及大藤峡闹事民众，竟然被王阳明这样轻而易举地平灭了。

平田州、思恩，平八寨、大藤峡，两次行动都出乎人们的意料。朝廷让王阳明总督四省军务，是要对田州、思恩用兵进"剿"，没想到王阳明却用了"抚"；大藤峡、八寨折腾已久，朝廷对这两个地方的用兵已没有信心，只能极力"抚"，没想到王阳明却用了"剿"。而且，无论是"抚"是"剿"，王阳明都没有另外调动一兵一卒，也没有向朝廷索要一分一毫的军饷。这在明朝又是闻所未闻的故事。

消息传开，朝野上下都惊异无比，这难道是真的？莫非王阳明在欺瞒朝廷、糊弄百姓？

嘉靖皇帝头一个觉得不可信。他亲笔写了手诏给内阁，询问王阳明是否夸大其词，并问及王阳明的学问是否真像反对者所说的那样，实为"伪学"。兵部对此事也不相信，所以对王阳明为将士请功的要求，迟迟不作答复。户部也不相信，表示要对王阳明提出的增设州县报告进行勘核。

但是，另外几位实权派人物，内阁大学士杨一清、张璁，吏部尚书桂萼，完全相信广西的事情是真的，只是出于各自的打算，表现各不相同。

首辅杨一清在赋闲镇江的时候，曾经给王阳明指点迷津，王阳明"改剿为抚"的请求，也是他批准的。而且，杨一清自己就精通兵法，又有"总制三边"的经历，虚者实之，实者虚之，这是用兵的常道，也正符合王阳明的性格。但是，人非圣贤，阳明弟子黄绾在奏疏中对他的不恭敬，使杨一清耿耿于怀，父债子偿，徒债也得师偿。杨一清恨黄绾，也就连带恨上了王阳明。所以，他对皇帝提出的疑问，不置可否。

新任吏部尚书桂萼心眼比较小，王阳明的重新起用，是张璁的主张，并拉着桂萼一道推荐，桂萼当时十分勉强。如今王阳明在广西立了大功，桂萼觉得有些不自在。虽然都是议礼新贵，桂萼却不希望自己在各方面都被张璁压着。起用王阳明，张璁是主导，桂萼希望自己也有所表现，便向王阳明传话，让王阳明借平定大藤峡、八寨的余威，出兵交趾。王阳明没有理睬。桂萼恼羞成怒，攻击王阳明"征抚两失"。

唯有张璁显得非常大度。起用王阳明，是阳明弟子黄绾向他进言的，王阳明立了大功，张璁不住口地称赞黄绾，说他"知人"，并且心悦诚服地表示，今日才知王公无人可及啊！

但是，杨一清、桂萼要给王阳明穿小鞋，特别是嘉靖皇帝一直记着王阳明关键时候不露头的老账，张璁也就不再多事了。

对于朝廷当权者们的态度，王门弟子黄绾、方献夫，以及霍韬等人大为不满。霍韬当时是詹事府詹事兼翰林院掌院学士，见到当权派的这种态度，不禁拍案而起，他给皇帝上了一道长达3000字的《地方疏》，为王阳明鸣不平。我们选取局部来看看，霍韬是怎么说的：

> 诸瑶为患积年，初尝用兵数十万，仅得一田州，
> 旋复召寇。守仁片言驰谕，思、田稽首。至八寨、断
> 藤峡贼，阻深岩绝冈，国初以来未有轻议剿者，今一
> 举荡平，若拉枯朽。议者乃言，守仁受命征思、田，
> 不受命征八寨。夫大夫出疆，有可以安国家、利社
> 稷，专之可也。况守仁固承诏得便宜从事者乎？守
> 仁讨平叛藩，忌者诬以初同贼谋，又诬其辇载金帛。
> 当时大臣杨廷和、乔宇饰成其事，至今未白。夫忠如
> 守仁，有功如守仁，一屈于江西，再屈于两广。臣恐
> 劳臣灰心，将士解体，后此疆围有事，谁复为陛下
> 任之！

对于霍韬的质问，皇帝只是批了三个字："知道了。"皇帝到底是知道了王阳明在广西的劳苦、在广西的功业，还是知道了王阳明的学术本为正道，或者是知道了霍韬在为王阳明打抱不平，在指责自己赏罚不明，却没有人能知道。除了派一位在当时微不足道的行人冯恩去两广奖励王阳明，招抚田州卢苏外，朝廷再也没有下文。而此时的王阳明，身体已经十分虚弱。

最后的行程

嘉靖七年（1528）九月初八，王阳明在广东迎接朝廷派来的使者、行人冯恩。这时他已卧病1个月了。

冯恩是南直隶松江府华亭县人，嘉靖五年（1526）的新进士，朝廷派他到两广嘉奖王阳明，可见对王阳明在广西的所作所为并不重视。但是，对冯恩来说，此行却是一种机缘。冯恩是王学的信徒，又极具个性，有一股舍身赴义的气概，所以后来得了"四铁御史"的雅号（口如铁、膝如铁、胆如铁、骨如铁）。到广东后，宣读完朝廷的旨意，冯恩要求入王门，成了王阳明的关门弟子。

在这段时间里，最令王阳明感到意外而又激动的是，当他乘舟从广西东返时，船夫指着眼前的一片沙滩说，这里叫乌蛮滩，又叫伏波庙前滩。王阳明一听"伏波"二字，不觉眼前一亮。40多年前王阳明从居庸关回北京时，曾经梦见过自己拜谒汉伏波将军马援的庙，还在梦中写过一首诗，至今历历在目。没承想人到暮年，自己还真的路过马援庙。

王阳明命船夫将船靠岸，在侍从的搀扶下，来到破旧不堪的马援庙。庙虽然破旧，庙中所塑马援像，却和自己40多年前在梦中见到的一样，王阳明不禁大为惊讶，人生多少事情，竟是这样难以捉摸！

到广州后，王阳明抱病去了一趟广州以东的增城，祭祀五世祖王纲，在王纲的牌位前勉强尽礼。除了一线血脉，王阳明对这位先祖不可能有太多的情感。倒是路过增城湛若水的故居时，激起王阳明无限的思念。

虽然因为学术上的分歧，王阳明和湛若水这些年来连书信也通得很少，但年轻时和湛若水的友情、湛若水对自己的启发，王阳明却是毕生也难以忘怀的。

从增城回到广州后，王阳明的身体极度虚弱，正在度过他一生之中的最后时光。袭破八寨、大藤峡之后，王阳明在向朝廷报捷的同时，也向朝廷陈述自己的病情，希望朝廷让他回家乡治病，并推荐原广西布政使、现任郧阳巡抚的林富接替自己的职务。但将近3个月过去了，未见朝廷的批文。

这时的王阳明，不愿等待朝廷的答复了，他也没有时间等待朝廷的答复。到了这一年十一月中旬，王阳明的双腿已经无法站立，他担心再拖下去，自己未必能够回到浙江，那里有他的妻子和幼子，有他的学生。他决定，不再等朝廷的批复，径自启程北归。广东布政使王大用，是王阳明的学生，他亲自用船将老师送到南雄，然后又护送老师弃舟登陆，翻越大庾岭，前往南安府。

南安府的推官周积，也是王阳明的弟子，已经为老师安排好了继续北上的船只。看着瘦骨嶙峋、气喘不已的老师，周积心中一阵难过，眼泪情不自禁就下来了。王阳明向他摆了摆手，问道：近来学问可有进步？周积止住悲声，一五一十说起自己在南安推官任上处理过的事务。他知道，老师从来就不主张抛开事功论学问。王阳明一面听，一面点头，他为这个弟子对自己学说的理解而高兴。

嘉靖七年十一月二十九（1529年1月9日），王阳明乘船来到南安府的青龙铺，虽然自己觉得精神似乎比前一日要好些，但舱内的周积等人却感到情形不妙。周积问道：先生可有交代？王阳明摇了摇头："他无所念，平生学问方才见得数分，未能与吾党共成之，为可恨耳！"说罢，他强睁双眼，嘴角动了动。周积赶忙俯下身子，问道："老师想说什么？"王阳明微微笑道："此心光明，亦复何言？"

庙堂的盖棺论定

王阳明去世的消息通过信使传到北京，最先得知这一消息的当权者是吏部尚书桂萼。这是一位睚眦必报、争强斗狠的人物。无论是在台上还是台下，王阳明所表现出来的不冷不热、不亢不卑的态度，都使桂萼感到难以容忍。王阳明虽然已经去世，桂萼仍然不依不饶，劾其"擅离职守"。嘉靖皇帝朱厚熜更认为王阳明不等批复便自行离任，是蔑视朝廷，非为臣事君之道，命群臣议罪。

人已经死了，朝廷却是这种态度，实在是太不近人情，也

太令人心寒了。接下来就要"盖棺论定"了。由桂萼主持的"廷议",对王阳明的一生作了如下的"盖棺论定":

> 守仁事不师古,言不称师。欲立异以为高,则非朱熹格物致知之论;知众论之不予,则为朱熹晚年定论之书。号召门徒,互相倡和。才美者乐其任意,庸鄙者借其虚声。传习转讹,背谬弥甚。但讨捕挐贼,擒获叛藩,功有足录。宜免追夺伯爵以章大信,禁邪说以正人心。

我们来分析一下这次的"盖棺论定"。

"守仁事不师古,言不称师"指王阳明做事不按规矩办,他的学说就好像一种无厘头的学说、无根之说。古代人看重师承,所有的人都有自己的师承,老师是谁,老师的老师又是谁。比如王阳明的好朋友湛若水是有师承的,他的师门是广东新会的陈献章,陈献章的师门是江西崇仁的吴与弼。但是王阳明没有,你说他学父亲,他不是父亲的学生,说他学祖父,他也不是他祖父的学生,他唯一提到的是娄谅对他的影响,但王阳明并没有拜娄谅为师。

"欲立异以为高,则非朱熹格物致知之论"说王阳明为了自我标榜,抨击朱熹,批评朱熹的格物致知之论,自己则标新立异。当然,"标新立异"没什么不好。郑板桥教学生写文章，写了一副对联，上联是"删繁就简三秋树"，下联是"领异标新二月花"。好的文章是直奔主题的文章，开门见山的文章，就像深秋时节一阵寒风吹来，把树上的黄叶子全部扫掉，剩下的是枝干，但是这样还不够，还要领异标新，像二月的花一样。农历二月的时候，天刚解冻，二月花一出来，就是引领众花。按理说，王阳明立异以为高也没什么不对，但是朝廷认为这是建立在对朱熹的不合理的批评上的，是为了出名。

"知众论之不予，则为朱熹晚年定论之书。"说的是《朱子晚年定论》，这是王阳明在赣州期间收集的一个小册子，收罗了朱熹的30多篇文章，但是，王阳明所收集的，很多是朱熹中年时期的文章，甚至有个别是朱熹早年的文章，并非"晚年"的定论。王阳明将朱熹文章中对自己论点有利的部分收集在一起。比如其中有一篇是朱熹向朋友说，我过去的言论是不太合适的，我写书写得太多，过于琐细。这篇文章的收入，是为了让别人认为朱熹晚年对自己的学术进行了检讨，王阳明才是对的。在这个集子的前面，王阳明还写了一篇"序"，全面阐述自己的学术历程。这个文集一经刊行，便引起了更大的争议。江西有一个著名的学者叫罗钦顺，专门写了一篇文章，对《朱子晚年定论》进行批评，全文有几千字。这篇文章一出来，几乎宣判了《朱子晚年定论》的死刑。

"号召门徒，互相倡和。才美者乐其任意，庸鄙者借其虚声"王学形成气候之后，王门从者如云，师倡徒和。天赋好的、有个性的学生，喜欢王阳明的宽松和随性，学生是张狂者，他就成全你的张狂；学生是谨慎者，他就成全你的谨慎。这种教法有点像孔子的教法，因材施教。那些没什么学术的但又想出人头地的学生，则扛着老师的招牌，招摇撞骗。

在王阳明的弟子中，天赋最高而又最喜招摇的，恐怕得数王艮。王艮拜王阳明为师之后，效仿孔子周游列国，请人打造了一辆奇形怪状的车，车轮直径有两米，王艮戴着高帽子，穿着异服，坐在车上，高高在上。王艮乘着这辆车，一路招摇，来到北京。北京有个老头，头天夜里梦见一条无头黄龙，腾云驾雾，来到崇文门。一觉醒来，他便往崇文门，想看看梦中所见是真是假，刚巧遇上王艮驾车而来。于是一传十，十传百，京城轰动，人们都将王艮视为怪物。一打听，这怪物竟然是王阳明的弟子，攻击王学的人又添油加醋，诽谤之声甚嚣尘上。北京同门力劝王艮稍事收敛。王阳明听到消息，传书王艮，让他立即回绍兴。

王艮回来了，王阳明心中又是生气，又是好笑。这个弟子悟性极高，又极有个性，但意气太盛，做事太离奇，必须杀杀他的性子，于是不理他。王艮天天跪在老师的家门口请罪，王阳明进进出出，视而不见。到第三天，王阳明出门送客，见王艮跪在门旁，仍然不予理睬。王艮高声嚷道：弟子知错了！王阳明见了他那副模样，觉得好笑，但仍不理。

和客人道别之后，王阳明径自向书房走去，没想到王艮跟在后面，当庭跪倒，大声叫道：孔子不做过分的事情！王阳明闻言，猛然一惊，自己对这位已经闯出了极大名头的弟子确实有些过于苛责了，急忙返身，将王艮扶起。

我们接着来看"廷议"。"廷议"的"盖棺论定"有所保留地肯定了王阳明的事功，但全面而彻底地否定了王阳明的学说，称之为"邪说"，要"禁邪说以正人心"。根据"廷议"的结论，再加上自己的认识，嘉靖皇帝保留了王阳明生前新建伯的爵号，但子孙后代不得世袭，至于功臣死后朝廷应该给予的优恤等等，也一概免去。这是王阳明死后朝廷对他的"盖棺论定"。但是，中国历代的"盖棺论定"未必真能定论，翻盘的事情常常发生。

不但是王阳明，就是王阳明抨击的朱熹，死后南宋政府也将其学说定为"伪学"。一直到朱熹死后40年，才得到平反。无独有偶，王阳明也是在死后40年平反。有时我想，这是否也是所谓的"冥冥之中，自有天意"？

回过头来说，桂萼主持的"廷议"，朝廷对王阳明学说的批评，从字面上看，全部符合事实。但是，"廷议"的"盖棺论定"对于王阳明学说的精华，对于王阳明倡导的亲民、致良知、知行合一，一概避而不提，这就不是公正的、完整的评价了，这种评价肯定是要被翻盘的。感兴趣的朋友可以参考我的一篇文章《盖棺未必论定：王阳明评价中的舆论和庙堂》。

朝廷的"盖棺论定"一出来，朝野上下一片哗然，什么原因？王阳明的影响力太大了，怎么能够这样对待一个有这么大功劳的人呢？怎么能够这样对待一个有这么大学术影响力的人呢？

首先站出来为王阳明辩护的是黄绾。当年王阳明和湛若水在大兴隆寺讲学，上下张罗的就是黄绾，那个时候他们是朋友，后来黄绾干脆拜王阳明为师，王阳明对他可以说是亦师亦友。从此以后，黄绾可以说是王门"护法"，只要有人批评王阳明，黄绾必然挺身而出，捍卫师门。王阳明死后，主持后事的也是黄绾和薛侃。在我印象中，黄绾好像还让女儿和王阳明的儿子订婚，以此来维护王阳明幼子的权益。

这个时候黄绾挺身而出，既是因为他是王门"护法"，也因为黄绾是"大礼议"的功臣，说错了皇帝也不会拿他怎么样。因为嘉靖皇帝就是这么一种人，有恩报恩，有怨报怨。可能也是和性格有关，同是阳明弟子，方献夫也是议礼功臣，而且地位比黄绾高，但没有像黄绾这样高调，这样旗帜鲜明。

阳明"四大功"

黄绾颂扬王阳明"四大功"：

第一功，擒获宁王朱宸濠。"宸濠不轨，谋非一日"，宦官像御马监太监魏彬等，嬖幸如武官钱宁、江彬等，文臣如兵部尚书陆完等，全是朱宸濠的内应；镇守中官如毕真、刘朗等，则为其外应。所以，当时的中外诸臣，多怀观望。如果不是王阳明"忠义自许，身任讨贼之事，不顾赤族之祸，倡义以勤王，运筹以伐谋，则天下安危未可知"。这也是人们的共识，否则黄绾不敢这样说。黄绾继续打抱不平，说如今把平定朱宸濠的功劳全给了伍文定，这"是轻发纵而重走狗，岂有兵无胜算，而濠可徒搏而擒者乎"？

第二功，平定南赣的动荡。"大帽、茶寮、浰头、桶冈诸贼寨势连四省，兵连累岁。若非荡平，南方自此多事。守仁临镇，次第底定。"一年多全部扫平，而且没有发生后患。这也是公认的事实，包括"廷议"也说王阳明"讨捕奉贼，擒获叛藩，功有足录"。

第三、第四功都是发生在广西的，一是平田州、思恩："田州、思恩，构衅有年，事不得息，民不得已，故起守仁以往，定以兵机，感以诚信，乃使卢、王之徒崩角来降，感泣受杖，遂平一方之难。"二是平八寨："自来八寨为两广腹心之疾，其间守戍官军，与贼为党，莫可奈何。守仁假永顺狼兵，卢、王降卒，并而袭之，遂去两广无穷之巨害，实得兵法便宜之算。"我不知道黄绾在这里为何漏了大藤峡，或许是因为行文过速。

可以说，这"四大功"都是别人搞不定的事情，王阳明在弹指之间就搞定了。特别是最后二功，又使北京的当权者非常恼火。思恩、田州，是让王阳明用兵去剿灭，结果王阳明采取了招抚的方式；八寨、大藤峡，朝廷没有让王阳明管，他竟然乘着解散军队的机会，一举荡平。这也太不听使唤了。但是，王阳明是林则徐所说的那种人，"苟利国家生死以，岂因祸福避趋之"。只要事情于民于国有利，他都干。所以，王阳明和朝廷的决策者之间，关系总有一些若即若离，他并非以君主之是非为是非，而是以心中"良知"之是非为是非。但在嘉靖皇帝看来，在朝中的当权派看来，王阳明就是太自以为是、太过自作主张了。

王学"三大要"

黄绾继续历数王阳明的学术"三大要"和"廷议"的定论针锋相对。这"三大要"是"致良知""亲民""知行合一"。

黄绾所说的王明阳学术"三大要"和人们通常所说的有些

不同，没有人们所熟知的"心即理"，却有被人忽略的"亲民"。黄绾这样的概括，是有充分理由的，更值得对王阳明、对王阳明心学感兴趣并决心践行"知行合一"的朋友高度关注。黄绾是这样解释王学"三大要"的：

> 其学之大要有三：一曰"致良知"，实本先民之言，盖致知出于孔氏，而良知出于孟轲性善之论。二曰"亲民"，亦本先民之言，盖《大学》旧本所谓亲民者，即百姓不亲之亲，凡亲贤乐利，与民同其好恶，而为絜矩之道者是已。此所据以从旧本之意，非创为之说也。三曰"知行合一"，亦本先民之言，盖知至至之，知终终之，只一事也。守仁发此，欲人言行相顾，勿事空言以为学也。是守仁之学，弗诡于圣，弗畔于道，乃孔门之正传也，可以终废其学乎？

虽然说，无论是"知行合一"，还是"致良知""亲民"，都是王阳明对"先民"学说的继承，但都是在"成说"的基础上进行了整合和推进，并重新予以界定。

比如"致良知"，是将孔子的"致知"、孟子的"良知"进行整合，王阳明特别提出："良知"人皆有之，但不能"致"耳，故有"致良知"之说，并视之为自己"一生之精神"。

比如"知行合一"，是由《易经》的"知至至之，至终终之"演绎而来，虽然黄绾的解释是"欲人言行相顾，勿事空言以为学"，但王阳明一面强调"真知即所以为行，不行不足谓之知"，一面将"知"定义为"良知"，从而对《易经》本义做出了重大修正。

再比如"亲民"，虽然出自《大学》"旧本"，却是王阳明对程朱"新民"说的修正，更是挑战了程朱学说的基础，并且给予了全新的阐释。

相对而言，陆九渊的"心即理"，尽人皆知。王阳明的"龙场悟道"，实际上就是"心即理"的翻版。所以，在王阳明自己的著述中，一般只用简洁明了的"心即理"，而不用龙场所悟的"圣人之道，吾性自足"。王阳明对"心即理"的最大贡献，是提出"此心在物则为理"，不但将"心即理"改造为"修己"与"实用"并重，而且通过自己的实践，将心学诠释为"实用之学"。但是，由于"心即理"深入人心，王阳明并无新的命题将其取代，所以后人将心学称为"陆王心学"，黄绾也不将"心即理"归之于王学之要。

从学术层次来说，王学"三大要"，即"致良知""亲民""知行合一"，皆由"心即理"而出，但与"心即理"并不在一个层面。"三大要"既以"心即理"为基础，又相互关联，相互补充，形成王学整体。

虽然王阳明称"致良知"是其"一生之精神"，后人则多将"知行合一"视为其思想的核心，但在王阳明自己看来，无论是"知行合一"还是"致良知"，都是为着"亲民"，所以他特别提出"政在亲民"。"亲民""政在亲民"，为王阳明政治思想的核心命题，既是王阳明对心学的重要贡献，也是王阳明心学区别于程朱理学的重要特征。

这些年来，我接触了比较多的王阳明学说爱好者，发现了一个现象。领导干部说王阳明，主要是说他的"知行合一"，因为主流媒体一直在倡导；企业家说王阳明，多在说"致良知"，因为企业家最要讲良知，北京还有一个由企业家和学者共同创建的"致良知四合院"。说到这里，我突然想起，对于领导干部而言，"致良知"不是更重要吗？

但是，对于王阳明政治思想的核心思想、对于"三大要"中的"亲民"，恰恰被当代人忽略了。

王学既产生于对陆学的继承，更产生于对朱学的质疑。在这个问题上，我和一位好友有不谋而合的认识，他把这个认识写进了他的书，我也把这个认识写进了我的书。

程颐、朱熹将《大学》视为为学的"初阶"，是一切学术的基础；而王阳明对朱学的质疑，正是从朱熹所注《大学》开始的。

徐爱等弟子整理的王门"论语"——《传习录》，首列王阳明的"亲民"之说。《大学》的开篇是："大学之道，在明明德，在亲民，在止于至善。"程颐、朱熹都说此处的"亲民"，当为"新民"。《大学》后文，有"作新民"之文，此为所据。

王阳明则认为程朱说"亲民"应为"新民"，实属望文生义。《大学》后文的所谓"作新民"和开篇所说的"在亲民"，是两个完全不同的概念。而且，《大学》后面明确地说，"君子贤其贤而亲其亲，小人乐其乐而利其利""如保赤子""民之所好好之，民之所恶恶之，此之谓民之父母"等，都是"亲"的意思，与"新"何干？程颐将《大学》的"亲民"改为"新民"，朱熹不仅沿用其误，而且任意分割原文，杂以己意，这就将人引入了歧途。

徐爱告诉人们，自己猛然听到老师的这番言论，顿时晕了头。后来经过反复切磋、反复实践，"然后始信先生之学，为孔门嫡传，舍是皆傍蹊小径，断港绝河矣！"

王阳明通过徐爱及《传习录》，将自己的思想传递出去：

第一，所谓"亲民"，就是孟子的"亲亲仁民"之意，"亲之"即"仁之"，"亲民"也就是"仁者爱人"。所谓"亲民"，就是孔子所说的"修己以安百姓"。"修己"就是《大学》中的"明明德"，"安百姓"就是《大学》中的"亲民"。

第二，所谓"亲民"，就是"爱民"，就是安百姓，就是关心百姓的生计。王阳明特别告诫徐爱："只说'明明德'而不说'亲民'，便似老佛。"如果只是"明明德"，那就停留在"老佛"的层面；既有"明明德"，又"亲民"，这才是孔子的主张。

各位注意，王阳明在这里把是否"亲民"，视为"圣人之道"和"佛老之教"的根本区别。所以，只说"致良知"的企业家、只说"知行合一"的领导干部，按王阳明的说法，还只是停留在"佛老之教"的层面，而没有进入到"圣人之道"的境界。

黄绾对"亲民"的解释，则有三层意思：

第一，"百姓不亲之亲"。《礼记》中讲，亲其子，要亲人之子，孝其父，要孝人之父。把别人的儿子当作自己的儿子一样，把别人的父亲当作自己的父亲一样，这就叫百姓不亲之亲。百姓不是自己的亲人，但是自己要把他们当亲人一样看待，自己就会真正为他们服务。

第二，"凡亲贤乐利，与民同其好恶"。要和民众有一样的好恶，有一些事从长远来看是有好处的，但是民众短期内接受不了，得慢慢地说服，慢慢地做工作，先解决他们眼前的问题，但是在解决他们的利益的同时，自己也应该享受利益，这就叫与民同其好恶。不能说我为你们服务，帮你们解决住房问题，帮你们提高收入，然后我什么都不要。不要就不对。古人提拔官员是很有讲究的，就看这个人行事是不是符合常情常理，如果这个人所做的事不符合常情常理，就有问题，不是矫情，就是另有更大的打算，这种人是不能用的。这个道理在"管仲论相"里就曾经谈到过，管仲拿不定主意到底谁来继承自己的位置，齐桓公说，开方可以，他原来是卫国公子，本来可以继承他父亲的基业做卫国国君的，但是他放弃卫国到齐国来，他真是爱我。管仲说弃小必须是求大，他放弃那个小的卫国，来到齐国，一定是有所求。求什么？求齐国这个大国。人没有不爱自己父亲的，他把他父亲抛弃掉，把基业抛掉，投向别人，一定有他的考虑，所以对这样的人要提高警惕。

第三，"而为絜矩之道者是已"。为官者为民谋福祉，为民谋福利，但是不能违反法律，不能违反政策。不能说为官者为人民谋利益，而给国家执行法律造成困难，这时处置为官者还是不处置？所以官员既要自身廉洁，同时又要恪守法律，不能违法。

这就是"亲民"。我想如果我们所有的有一定地位的人能够好好地体悟"亲民"这两个字，把民众的疾苦视为自己的疾苦，把为民众排除苦难，视为排除自己的苦难，那么这个事情就好办了。

"亲民"还是"新民"，既是王学和朱学的学术分歧，也是执政理念的分歧。应该说，无论是朱熹还是王阳明，都是既主张关心民众的物质生活，即"养民"，也关心民众的思想教化，即"教民"。但是，哪个是第一位，哪个是第二位，却关系到执政理念。这也是先秦儒家和法家以及此后儒家学说中不同流派的重大分歧，从某种意义来说，类似于我们现在所说的物质与精神、存在与意识的问题。王阳明及王学首先关心的是"物质"，是"养民"，故有"亲民"之说；程朱及朱学首先关心的是"精神"，是"教民"，故有"新民"之说。但是，我这里丝毫没有扬王抑朱的意思，无论是王阳明还是朱熹，他们都是根据自己的感受，根据所在时代的需要，提出他们的主张，提出他们的治世之方的。

"亲民"二字一经提出，既是王阳明学术的重要命题，被黄绾列入王学"三大要"之一，更成为王阳明政治思想的核心内容，成为他一生的执政理念，并且在此基础上提出"政在亲民"，持续向入仕的弟子们灌输这些理念。在王阳明看来，如果天下的"亲民官"、大明朝的所有官员，特别是大明朝的皇帝，都以诚心待民，都以"政在亲民"为宗旨，天下有不治的道理吗？

晚年赋闲绍兴时，王阳明根据弟子们的提问，系统讲述自己对《大学》的认识，并且经过弟子钱德洪的记录和整理，成了《大学问》即《大学或问》一篇，被王门弟子称为"师门之教典"。在《大学问》中，王阳明全面梳理了自己的学术思想，也厘清了"致良知""亲民""知行合一"这"三大要"之间的内在关系。可以说，此篇是王阳明对自己一生学术的总结。

在王学"三大要"中，最早提出的是"知行合一"。王阳明自称："吾居龙场时，夷人言语不通，所可与言者，中土亡命之流。与论'知行'之说，更无扞格。久之，并夷人亦欣欣相向。及出与士夫言，反多纷纷同异，扞格不入。"为何中原的士大夫难以接受王阳明的"知行合一"？既因为他们已经接受了朱熹的"格物致知"说，更因为王阳明自己在揭示出"致良知"之前，并没有明确"知行合一"和"格物致知"之间的区别，也没有揭示出"知行合一"的灵魂或真谛。

那么，"知行合一"的灵魂或真谛是什么呢？关键在于对"知"的理解。王阳明在《大学问》中指出："《易》言'知至，至之'。'知至'者，知也；'至之'者，致也。'致知'云者，非若后儒所谓充广其知识之谓也，致吾心之良知焉耳。"在给学生陆澄的信中，王阳明对此做了更为明确的阐释："《易》谓：'知至，至之。'知至者，知也；至之者，致知也。此知行之所以一也。近世格物致知之说，只一'知'字尚未有下落，若'致'字工夫，全不曾道著矣。此知行之所以二也。""知行合一"的"知"，指的是"良知"，是"此心之本体"，这才是其核心或灵魂；"知行合一"的"行"，是"致"，是达到"良知"的功夫。

"孰无是良知乎？但不能致之耳。"王阳明提出"致良知"，"自圣人以至于愚人，自一人之心，以达于四海之远，自千古之前，以至于万代之后，无有不同"。"良知"这两个字就是天下之大本，就是人心之本体，但是这个本体，这个大本被人的私欲遮蔽，所以要"致良知"。

王阳明认为，"致是良知而行，则所谓'天下之达道'也，天地以位，万物以育，将富贵贫贱，患难夷狄，无所入而弗自得也矣"。只要以"良知"这两个字作为衡量我们行为的标准，我们就可以达到一种自然的默契，天下就可以太平，世界就可以大同。所以他对"良知"两个字特别看重。

所以王阳明说他所论的"致知"二字，即"致良知"，"乃是孔门正法眼藏，于此见得真的，直是建诸天地而不悖，质诸鬼神而无疑，考诸三王而不谬，百世以俟圣人而不惑"。

那么，"良知"到底是什么？用我们现在的话来说，就是人们心目中的是非之心，该做什么不该做什么，我们的心里都知道的，都清楚。但是，鉴于种种的原因，我们会违背我们的是非之心，该做的事我们没有做、不愿做、不敢做，不该做的事情，我们却昧着良心做了。这个时候怎么办？首先要有廉耻之心，为自己所做的事情感到羞愧；然后要有改过之心，勇于改正。对于这个社会，对于我们的群体要有报恩之心，这才是良知。

而且，一切要落到行为上，这才是"致良知"。王阳明认为，"明德"就是"良知"，"明明德"就是"致良知"，但是佛教也是讲究"致良知"的，佛教也是讲究"明明德"的，那么儒家学说和佛家学说的"明明德"在哪里不同？关键在于"亲民"。

自从揭示出"致良知"这个"一生之精神"后，王阳明比较少说"知行合一"了，因为"致良知"已经涵盖了"知行合一"，使"知行合一"从根本上区别于"格物致知"。而王阳明的学说，也只有在"致良知"提出之后，才真正形成了自己的体系，真正有了自己的"精神"。

　　有了这个"致良知"，不但为"知行合一"注入了灵魂，也使"亲民"在王学中的地位清晰起来："明明德者，立其天地万物一体之体也。亲民者，达其天地万物一体之用也。故明明德，必在于亲民，而亲民乃所以明其明德也。""明德之本体，而即所谓良知也。"

　　有学生向王阳明问"政与学之要"，王阳明明确指出，"明德"即是"良知"，"明明德"即是"致良知"，"良知"与"亲民"本为一体："明德、亲民，一也。古之人明明德以亲其民，亲民所以明其明德也。是故明明德，体也；亲民，用也。"

　　"明明德"是"立"天地万物一体之"体"，"亲民"是"达"其天地万物一体之"用"。这是中国古代思想家的"体"与"用"的关系，"体"不立，则"用"不端；"用"不行，则"体"不显。作为"体"和"本"的"明明德""致良知"和作为"用"和"末"的"亲民""政在亲民"是一个整体，如树干和树梢，并无轻重之分。"明明德"的目的是"亲民"，只有"亲民"才能体现"明明德"；"致良知"的目的是"亲民",只有"亲民"才能体现出"致良知"。

所以,在王学的"三大要"中,"致良知"为体,"亲民"为用,体、用本为一事。"知行合一"的"知"既是对事物的认知,更是自我的"良知";而且,"真知即所以为行,不行不足谓之知"。与"致良知"一样,"知行合一"为的也是"亲民",否则,无论是"致良知"还是"知行合一",皆非"真知"。

说到这里,我想起之前说过的王阳明和薛侃之间关于"花"与"草"的讨论。这个讨论后面还有一段。

当王阳明说到"花草一般"的时候,薛侃追问,如果是这样,那和佛教有何不同?王阳明断然说道,这就要看在特定条件下,怎么做于国于民有利。如果于国于民有利的,那就是善,那就要维护;如果于国于民不利的,那就是恶,那就要铲除。这就是"圣学"与"佛学"的不同。

大家都看过《少林寺》这部电影,佛教是戒杀的,那么碰到邪恶怎么办?大和尚最后说不妨处置。佛教有其善恶观,偶尔也是为善去恶的,既然如此,佛教为什么强调你只能做善事,不能去做除恶的事?因为如果佛教一出手除恶,那么就和国家法律、国家政权相冲突了,到底是你来裁判还是国家来裁判?所以,中国的宗教只允许你行善,不允许你除恶的。除恶是国家权力的责任,这是儒家学说和佛家学说不一样的地方。

这和金庸小说中的理念有些类似，做事要节制，未必一定要做到彻底。《倚天屠龙记》说张无忌学《九阳真经》，修炼"乾坤大挪移"，到了第6句的时候发现有几句念不通，到第7句还有一些念不通，一共有19句念不通，张无忌就本着能学就学，不能学就算了的想法，跳过那19句。恰恰这19句是留下《九阳真经》的高人自己也没有体悟到的，是他写错了的地方，张无忌如果一心一意要去得到100分，他就会走火入魔。这就教导我们不要钻牛角尖，做事，且留下三分余地。

这是个很好的理念，包括对我们的对手，未必就一定要赶尽杀绝，达到一个双赢的局面，不是也很好吗？得饶人处且饶人。星云大师有两句话，对我影响很大。第一句，与人方便，自己方便。这带有功利性，我们给别人方便，别人也给我们方便。第二句，被人利用，也是一种机缘。这就是境界了。我们经常会说某人专门利用人，我们找他的时候永远找不到，我们要他干事更不成，但是他要找我们的时候，一找一个准。我们很多人说这种人过河拆桥，没必要去帮。但是，星云大师的逻辑是，我们能够被他利用，第一是我们有被利用的价值；第二是那是一份缘分所在，这一点更重要。我们帮他把缘分续上，没关系的。所以，王阳明说，偶尔没有去恶，也不要耿耿于怀，这样就不会累心。若多着了一分意思，即心体便有贴累，便有许多动气处，那就没必要了。

薛侃说，那根据先生这种说法，善恶全不在物？王阳明又返回来说，只在汝心，循理便是善，动气便是恶。有个朋友曾说，有几种忙你不要去帮，第一种就是要动气的忙。我们做事，要按照正常的心态去做，所以除恶不要动气，为善也不要动气，绝对不要抱着"气死你"的心态，带着斗气的心态去做事，如果这样，就容易乱方寸，事情做不好。

王阳明是在教导我们，做任何事情都应该以平和心、平常心来对待，用佛教的话来说就是以佛心做事。

薛侃说，毕竟物无善恶。王阳明说，在心如此，在物亦然。世儒唯不知此，舍心逐物，将格物之学错看了，终日驰求于外，只做得个义袭而取，终身行不著，习不察。也就是说众人没有圣人之心，那么他就老是在心中有一个芥蒂，哪件事情没做，总想把它做掉，哪些事情没有做完整，总想把它做完整。实际上世界上没有那么十全十美的事情，没必要这样。

很多学者都在讲王阳明，他们所依据的大都是自己的学术背景和生活阅历。所以，对王阳明及其思想的阐释就不一样。

我主张，对王阳明的解说应该让别人能够听得懂；对王阳明学说的体悟，要用王阳明的方式来体悟。比如和大众交流王阳明的时候，完全没有必要把王阳明和西方同时期的一些哲学家挂上钩，本来大家对这个理念已经搞不懂，又拎出另外一个理念，这是专家做的事情，是学者之间去讨论的问题，我认为和大众无关。

王阳明的学说在明治维新之前，对日本产生了一些影响，人们主要学他两个方面：第一，学他修心，要把心静下来做事情；第二，学习他践行，要努力去工作，不把其他东西掺杂在里头。王阳明的学说是行动的学说。孔子说仁是"仁者爱人"；孟子说性是"人性本善"；程朱说理是"去人欲，存天理"。从程颐到朱熹，从陆九渊到王阳明，归根到底他们都是在寻找他们那个时代解决社会问题的办法。

我们现在讨论王阳明的学说，讨论朱熹的学说，不能因为我们今天肯定王阳明，就斥责朱熹，朱熹的学说满足了他那个时代的需求，时代不一样，学者所提出的学说也不一样，他们之间没有好坏之分，只有时代不同而已。

明朝从成化（1465—1487）以来，社会经济格局和人们的观念发生了巨大的变化，人们逐名于朝，逐利于市，社会道德堕落，社会风气颓废，人人都在咒骂社会，指责他人；人人都在毁坏道德，损人利己。实际上当时的有识之士都在寻找社会改良的道路。王阳明是在地方，杨廷和是在朝廷，他们都在寻找解决的办法。

阳明"三不朽"

隆庆元年（1567）五月，皇恩终于撒向了王阳明的灵魂。

这时，王门的早期弟子中的方献夫、黄绾、黄宗明、薛侃、邹守益、欧阳德等已先后去世，但耿定向、王好问、辛自修等王学的拥护者却在科道任职。他们联名上疏，为王阳明颂功。根据吏部和礼部会议的结果，内阁首辅徐阶代表皇帝起草了一篇文告，对王阳明的学问、事功乃至性格都进行了全面褒扬：

> 　　原任新建伯、南京兵部尚书兼都察院左都御史王守仁，维岳降灵，自天佑命。爰从弱冠，屹为宇宙人豪；甫拜省郎，独奋乾坤正论。身濒危而志愈壮，道处困而造弥深。绍尧孔之心传，微言式阐；倡周程之道术，来学攸宗。蕴蓄既宏，猷为丕著；遗艰投大，随试皆宜；戡乱解纷，无施弗效。闽粤之菁巢尽扫，而擒纵如神；东南之黎庶举安，而文武足宪。爰及逆藩称乱，尤资仗钺渊谋。旋凯奏功，速于吴楚之三月；出奇决胜，迈彼淮蔡之中霄。是嘉社稷之伟勋，申盟带砺之异数。既复抚夷两广，旋至格苗七旬。谤起功高，赏移罚重。爰遵遗诏，兼采公评，续相国之生封，时而雄伐；追曲江之殁恤，庶以酬劳。兹赠为新建侯，谥文成，锡之诰命……永为一代之宗臣，实耀千年之史册。

　　明朝文臣以军功封伯爵的，只有王骥、王越和王阳明3人，王骥为靖远伯，王越为威宁伯，王阳明为新建伯，但死后追赠为侯的只有王阳明一人。谥号为"文成"的，在王阳明之前只有刘基一人。

当时有人请以王阳明与薛瑄、陈献章同从祀孔庙，但最终只允许薛瑄从祀，王阳明从祀孔庙的事情被搁置了下来。接下来是徐阶退休，高拱和张居正先后担任首辅。

张居正为首辅的时候，王阳明是绝对翻不了身的。因为张居正治国理念是六个字："尊主权，一号令。"而王阳明学说提倡"人欲即天理"，这在张居正看来是绝对不可以接受的。张居正执政时期，在全国摧毁了很多书院，打击了一大批自由讲学者。比如泰州学派的再传弟子何心隐，另外还有一个更有名的是李贽。黄宗羲说这些人可以"赤手搏龙蛇"，意思是他们能够操控舆论。但张居正是不允许舆论胡说八道的，所以，直到张居正死了以后，万历十二年（1584），才有人重新提出要让王阳明从祀孔庙。在万历皇帝的亲自过问下，以及大学士申时行等人的坚持下，王阳明的牌位终于被搬进了孔庙，从祀孔庙，称"先儒王子"，成为明代钦定的四位大儒之一（另外3位从祀孔庙的是薛瑄、胡居仁和陈献章）。

申时行等人在奏疏中对当时的一些舆论进行了慷慨激昂的抨击。

有人说王学是伪学，申时行认为这是不懂王学所致，不屑与辩。有人说王阳明自立门户，申时行认为王阳明说"致知"

出于《大学》、"良知"出于《孟子》，是光大圣学，而非自立门户。如果说光大圣学是自立门户，则宋儒张载、周敦颐、程颢、程颐及朱熹等人也是自立门户。有人说王学是禅学，申时行认为，禅学的宗旨是外伦理、遗世务，而王阳明的气节、文章、功业，近世名臣不能望其项背，世上哪有如此禅学？有人说崇王学必然废朱学，申时行引用神宗皇帝的话进行反驳："王守仁学术，原与宋儒朱熹互相发明，何尝因此废彼？"

申时行特别赞赏王阳明的学问和事功并重：

> 大抵近世儒臣，褒衣博带以为容，而究其日用，往往病于拘曲而无所建树；博览洽闻以为学，而究其实得，往往狃于见闻而无所体验。习俗之沉锢久矣。今诚祀（王）守仁、（陈）献章，一以明真儒之有用，而不安于拘曲；一以明实学之自得，而不专于见闻。斯于圣化，岂不大有裨乎！

国家需要的是像王阳明这样脚踏实地，有真才实学，有抱负，有作为，能够安民立政的"真儒"；而不是只知坐谈立论炫耀见识，只知宽衣博带搬弄学问，只知上古三代而远离现实的腐儒。

其实，官方的褒贬从来就只能左右一时的舆论，不能代表永久的人心。王阳明在世的时候就不在意飞短流长，死后更不会去计较官家的褒贬誉毁。王阳明留给当世的，是他的文章和功业，这是需要官方钦定的；而留给后世的，则是他那雄爽横放、不凿不蹈的独特个性，是他那卓然独立、自尊无畏的凛然气节和批判精神。这是不管官方愿不愿认可，都能与世俱存的。

清朝人修《明史》，对王阳明做出了如下评价：

> 王守仁始以直节著。比任疆事，提弱卒，从诸书生扫积年逋寇，平定孽藩。终明之世，文臣用兵制胜，未有如守仁者也。当危疑之际，神明愈定，智虑无遗，虽由天资高，其亦有得于中者欤。矜其创获，标异儒先，卒为学者讥。守仁尝谓胡世宁少讲学，世宁曰："某恨公多讲学耳。"桂萼之议，虽出于媚忌之私，抑流弊实然，固不能以功多为讳矣。

王阳明不与邪恶势力同伍，他讲究正道，不惜下诏狱，不惜赴龙场。而且谁也没有想到，当他做封疆大吏，带着一帮乌合之众时，还能平定叛乱。明朝文官打仗没有比王阳明更厉害的。"其亦有得于中者欤。"诸位注意，这句话很重要，什么叫作"有得于中"？这就是他的"立德"，就是为国家、为社会、为民众效力的这么一种精神在支撑着他。他所做的一切事情都围着这个转，所以他能够算无遗策。但是清朝的儒者也批评他，他说自己的"知行合一"和朱熹的"格物致知"是不一样的，说自己的"致良知"和人性天理是不一样的。但在清朝的儒者看来，两者是相通的。但如果王阳明不矫枉过正，他就没办法去矫枉，矫枉是一定要过正的。桂萼之议就是朝廷对王阳明的定论，《明史》的作者认为说得有道理，我也认为说得有道理，我对王阳明并不是全盘肯定的，王阳明有他的问题，王学也有一定问题。

王学后来为什么变成了空疏之学呢？虽然有王阳明的学生的原因，但是从王阳明那个时候起就已经有了这个趋势。王阳明被认为是明朝气节、事功、学术第一人，是立德、立功、立言的"三不朽"。但是我们在过去对王学的研究中，往往有意无意地忽略了王阳明的事功、气节对王阳明学术的作用，在重视王阳明立言的过程中，忽略了他的立功和立德。我认为这是当时和当代王阳明研究里头的最大误区。什么原因呢？因为研究王阳明的人都是文人，文人就好这一口。立言，因为他没办法立功，有些人认为，立功那是放在那里的，你不说也跑不掉，但是王阳明的立言恰恰是在立功的过程中不断体悟得来的。

比如说"圣人之道，吾性自足"，如果王阳明没有前面的那一段经历，会有这样的立言吗？再比如说"致良知"，如果没有王阳明在江西的那些作为、那些事功，他提得出这样的言论吗？提不出来的。

在对王阳明的研究中，大家主要关注的是学术，是立言，看重的是他从祀孔庙，以为这才是进入"圣域"，因此对王阳明的定位也仅仅只有思想家。但是王阳明首先是社会活动家，然后才是思想家。那些研究所导致的结果，就是使人们更多地关注王阳明的"心"，而忽略王阳明所关注的"物"，关注王阳明的"知"，而忽略王阳明的"行"，最终将知行都丢掉，进而视其为唯心，而且是主观唯心，这是对王阳明学说的一种误解。

王阳明的学术从来都是和他的事功相互激发的，他做学术和事功的终极动力是他的气节，是他对国家、对社会的担当，三者相辅相成，缺一不可。在王阳明的身上，他的学术也就是他的心学，这是"立言"。王阳明的事功即实践，是为"立功"。而王阳明的气节也就是王阳明的担当，这才是"立德"。这三者才构成了王阳明的"真三不朽"。

有人以为王阳明的"立德"是"致良知"，是"知行合一"。大错特错，这两者是立言。王阳明的"立德"是他的这种精神。当王阳明懵懵懂懂地向往"学为圣贤"的时候，根本不知"圣贤"为何物。但他在少年时埋下的种子、萌发的志向，就是一种为国家、为社会效力的担当精神，被当时的人们称为"气节"。

所以，他15岁就出居庸关考察敌情，向皇帝上书陈述自己对于边关防务的意见；在刑部主事的任上，敢于革除监狱积弊，敢于处死背景深厚的罪犯；在刑部主事的任上，敢于直斥时弊。虽然他因此得罪权贵，受廷杖，下诏狱，被贬谪龙场，但初心不改。虽然此时王阳明尚未提出"知行合一"，但是实际上他已经在用自己的行为昭示"知行合一"了。

王阳明在"百死千难"中悟出内心深藏的"良知"，是一生学术的结晶，是在和事功的相互激发中揭示的。其终极动力，来自"气节"，来自对国家、对社会的担当。这种担当关系个人安危、家族存亡。当宁王在南昌起兵时，官员观望，情报含糊，唯独王阳明宣称"宁王谋反"，并在尚未得到朝廷批准的情况下"擅自"起兵平叛，这是"不顾九族之祸"。如果他没有气节、没有担当，怎么可能每每在关键时刻挺身而出，怎么可能百折不挠地追求学术和事功？人们又怎么可能崇拜一个空谈"良知"却明哲保身的教授？人们崇拜的是他那种精神，他那种时时可以拍案而起、处处不计身家性命的精神。

古人的"三不朽"，首列"立德"，其次是"立功"和"立言"。

什么叫作"立德"？"立德"就是孟子所说的"舍身而取义"，"立德"就是文天祥所说的"人生自古谁无死，留取丹心照汗青"。

文天祥5次起兵抗元，明知要失败，却明知不可为而为之，没有援军，没有后勤保障，没有朝廷支持，就凭他的个人的意志和留下的一股正气，每次都有几千人上万人明知会死，还是跟随他，而且有人冒充他，替他去死。元军抓到了文天祥，欢天喜地，结果发现对面的元军也抓到了一个文天祥，同样也欢天喜地的。真假文天祥碰到一起，假文天祥说真文天祥是假的，自己才是真的。文天祥说对方是假的，自己才是真的。当然元兵一看就知道谁真谁假，两个人放在一起，文天祥的这种气质、格局就不是假文天祥可以比得了的。最后假文天祥被处死，真文天祥被送到大都。北京的汉族官员、契丹籍官员为文天祥造势。怎么造势？

忽必烈问南宋的人物谁最了得，所有的人都说文天祥最了得。忽必烈问他了得到什么程度，于是大家推举了一个忽必烈能感同身受的最伟大的人物——耶律楚材，说文天祥就是耶律楚材那样的人。忽必烈肃然起敬。文天祥到了大都，忽必烈让他投降，他不投降；让他做中书令，他说自己已经是南宋的宰相；忽必烈说你们的皇帝都没了，他说现在效忠的不是皇帝，孔子曰仁，孟子取义，自己遵循的是这种教导。

忽必烈和文天祥，是英雄惜英雄，所以成全文天祥让他死去，没有强迫他投降。

还有林则徐所说的"苟利国家生死以，岂因祸福避趋之"。只要是为国家的利益，不管是福是祸，不管是生是死，他们都不会去避祸而趋生。王阳明用自己的行为给世人做出了垂范，心中有良知，行为有担当，这才是王阳明对知行合一的最好的诠释。

最后，我再给大家讲一个王阳明和学生的故事。

王阳明在绍兴期间，有一次在船上讲学，和他的学生讨论什么是圣人之道。其中有个学生叫张元冲，问王阳明说："二氏与圣人之学所差毫厘，谓其皆有得于性命也。但二氏于性命中着些私利，便谬千里矣。今观二氏作用，亦有功于吾身者，不知亦须兼取否？"意思是，圣人之学和佛学、道家学说，相差实际上不大的，所差就在毫厘之间，但是二氏之学带着一些"私利"。什么叫作"私利"？佛教出世，道家明哲保身，这就是"着些私利"。但是，看到二氏的作用，也可以修炼我的身心，不知道在学圣人之学的时候，可不可以兼取二氏？

这是一个十分敏感的问题。从陆九渊开始，人们就将心学视为禅学。王阳明在重刻《象山文集》的序文中，还专门对此做出了自己的解释。虽然在事实上，从唐代以来，儒、佛、道三家便开始有了合流之势，你中有我，我中有你，形式不同，内容相通。而所谓的"禅宗"，本就是佛教的中国化产物，汲取了大量的儒家元素、道家思想。但正统的儒学家，如韩愈、朱熹等，或者对佛学一直采取批评态度，或者小心谨慎地划清与禅学的界限。明代成化、弘治年间（1465—1505）有位著名的学者陆容，在他的《菽园杂记》中记载了一个儒者与僧人的对话。僧人吹嘘道："儒教虽正，不如佛学之博。如僧人多能读儒书，儒人不能通释典是也。"儒者反击："譬如饮食，人可食者，狗亦能食之；狗可食者，人决不食之矣。"从这个记述中，也可以看出正统士大夫对"佛老"的态度，也表现出了一种小家子气，甚至不惜人身攻击。

在反对王学的人中，也有不少人是因为将王学视为禅学而反对它的。有不少年轻人向王阳明问学，还要先打听，王学是否真的有别于禅学？直到王阳明平定"宸濠之乱"后，江西巡按御史唐龙仍当面对王学质疑。王阳明回故乡余姚祭祖，钱德洪想入王门，当地也有人以学王阳明说与朱子不合，以及王阳明过去曾经出入于"佛老"而行阻止。钱德洪暗中观察了一段时间，才下决心拜王阳明为师。

张元冲向王阳明请教，措辞是十分谨慎的。他一方面继承师说，认为由于佛道在关于"性"与"命"的解释上和儒学所差只在毫厘之间，只是因为过于强调出世，与儒学强调的入世恰恰相反，才最终相差千里；另一方面，却试图否认这个"千里"，提出"佛老"有助于"圣学"，有益于"吾身"，不应予以排斥，而应该兼容并蓄。

王阳明的回答，石破天惊。怎么说？"说兼取，便不是。圣人尽性至命，何物不具，何待兼取？二氏之用，皆我之用：即吾尽性至命中完养此身，谓之仙；即吾尽性至命中不染世累，谓之佛。"道家我们可以学它来修养我们的身心，佛家我们也可以学它来摆脱我们的种种私心杂念，"但后世儒者不见圣学之全，故与二氏成二见耳"。人为地把儒、佛、道分开，就是不知道"圣学"之全。"圣学"是包容万物的，万物皆为我用，才是"圣学"的气度。

王阳明举例说明：比如有一个房子，一共有三间，儒者不知皆吾所用，见佛氏来了，把左边一间割给别人；见老氏来了，把右边一间割给别人，自己只留下中间一间。为何如此？怕别人的思想影响自己，影响自己的弟子。这就不仅仅是小气了，而是完全没有自信，说明你知道自己不如别人。王阳明说，这样做，是"皆举一而废百也"。为什么？"圣人与天地民物同体，儒、佛、老、庄，皆吾之用，是之谓大道。"

但是，阳明弟子整理的《传习录》后面一句记道："二氏自私其身，是之谓小道。"这就是逻辑性错误了。按照上面的意思，应该是"儒者自私其身，是之谓小道"，而不是"二氏"。

我们今天学习王阳明和他的思想，是要学他这种大气，学习他的这种儒、佛、老、庄，天地万物皆为我用的气度。王阳明及其学说，是明代社会多元化的产物，所以，王阳明学说的最大特点是它的包容性。他是以方寸之心，体天下之万物，无所不包。他的学说里有过去儒家的学说，有佛家的学说，有道家的学说，取其精华，去其糟粕，这才是大道。我想，如果这个时候意大利传教士利玛窦、德意志传教士汤若望来了，王阳明会和他们成为好朋友，将他们带来的"西学"以为我用，这才是王阳明心学的包容和气度。

不得不说，王阳明的学说，并没有完全解决好明代自身的问题。如果我们今天认为王学可以解决我们当代的问题，那也是不现实的。时代的发展需要新的学说理论，我们今天身处多元化的社会，那么人类智慧皆为我用，是为之大道。王阳明的学说对我们的启示就在这里。